Dirk Chervatin

AF191957

PAUSCHALREISEN FÜR IRRE

NORDKOREA, TIBET, BHUTAN, IRAN –
AUßERGEWÖHNLICHE REISEBERICHTE AUS DEM ORIENT
UND FERNOST

Ihre Zufriedenheit ist unser Ziel!

Liebe Leser, liebe Leserinnen,

zunächst möchten wir uns herzlich bei Ihnen dafür bedanken, dass Sie dieses Buch erworben haben. Wir sind ein kleines Familienunternehmen aus Duisburg und freuen uns riesig über jeden einzelnen Verkauf!

Wir sind bestrebt, jedes unserer Bücher für Sie zu einem ganz besonderen Leseerlebnis zu machen. Daher liegt uns Ihre Meinung sehr am Herzen!

Wir freuen uns über Ihr Feedback zu unserem Buch. Haben Sie Anmerkungen? Kritik? Bitte lassen Sie es uns wissen. Ihre Rückmeldung ist wertvoll für uns, damit wir in Zukunft noch bessere Bücher für Sie machen können.

Schreiben Sie uns: info@ek2-publishing.com

Nun wünschen wir Ihnen ein angenehmes Leseerlebnis!

Jill & Moni
von
EK-2 Publishing

Vorwort

Ich verabscheute Pauschalreisen. Das war für mich der Inbegriff von Bettenburgen, überfüllten Stränden, Buffets mit schubsenden Rentnern und Mitreisende, die mir so schwer auf die Nerven gingen, dass ich während einer Safari am liebsten aus dem Jeep gesprungen wäre.

Nachdem ich nämlich in Tansania mit einer Gruppe mittelalter Touris in weißen Socken und Sandalen eine Woche Serengeti in einem kleinen und überfüllten Jeep „erleben" durfte, habe ich mir geschworen, nie wieder eine Pauschalreise zu buchen.

Die allermeisten meiner Reisen unternehme ich seitdem nach dem Grundsatz „Flug buchen, ankommen und dann mal weitersehen". Das ging größtenteils gut, von einigen Ausnahmen mal abgesehen.

Auf einer Pauschalreise wäre ich in Buenos Aires wahrscheinlich nicht in einen Raubüberfall geraten, der mit einer Schlägerei endete. Möglicherweise wäre mir auch die Amöbenruhr in Myanmar erspart geblieben. Die Erfahrung, mitten in einer Großstadt in Kuba auf einer überfüllten Kreuzung ein Rad an meinem Leihwagen zu wechseln, weil mir ein paar Idioten an der Ampel ein Ventil gezogen hatten, wäre sicherlich auch an mir vorbei gegangen.

Trotzdem liebe ich dieses unbestimmte Gefühl, abends um 19.00 Uhr in irgendeiner afrikanischen Großstadt herumzulaufen, ohne zu wissen, wo ich später übernachten würde. Mir macht es nichts aus, im Hinterland von Bolivien auf den Nachtbus nach La Paz zu warten ohne jede

Ahnung, was mich dort erwartete. Ich möchte im Voraus gar nicht wissen, was ich am zehnten, elften oder zwölften Tag meiner Reise unternehmen würde. Dieses spontane *Sich-treiben-lassen* war genau mein Ding.

Mir geht es dabei um die Routen und Orte abseits vom Massentourismus. Mich irgendwo anzustellen, um eine vermeintliche Sehenswürdigkeit zu bestaunen, ist mir ein Gräuel.

Allerdings gibt es Reiseziele und Länder, die man nicht „auf eigene Faust" bereisen kann – zumindest nicht, wenn man berufstätig ist und maximal drei Wochen Urlaub am Stück nehmen kann.

Nordkorea darf man nur als Gruppenreise besuchen. Es ist unmöglich, alleine und unbeaufsichtigt durch das Land zu reisen. Da ich unbedingt dorthin wollte, ohne mich einer Touristengruppe anzuschließen, meldete ich mich sozusagen als Ein-Mann-Reisegruppe an, und siehe da, die nordkoreanischen Behörden genehmigten meine Anfrage. Ich hatte vor Ort drei Aufpasser für mich allein; es war die einzige legale Möglichkeit, auf meine Art durch das Land zu reisen.

Bhutan mit dem Mountainbike zu erkunden, hielt ich für eine super Idee. Zumindest vor Reiseantritt …

China und Tibet wären wahrscheinlich ohne Guide möglich gewesen, aber ich hätte wahnsinnig viel Zeit benötigt. Für jede Region brauchte ich ein eigenes Erlaubnisschreiben, das bürokratisch-umständlich organisiert werden musste. Für die Mount Everest-Region hieß das Ding tatsächlich „Alien Travel Permit" und wurde – kein Scherz – auf einer Polizeistation im Basiscamp auf über 5.000 Meter Höhe genauestens kontrolliert.

Dieses Buch ist kein Reiseführer, nicht mal ansatzweise. Das können andere viel besser schreiben. Sie finden hier keine Restaurant- oder Hoteltipps. Da hätte ich auch gar nicht viel zu erzählen, da die kulinarischen Angebote beispielsweise in Nordkorea – nun ja – sehr übersichtlich waren. Erfreuliche Schilderungen über die Unterkünfte in Tibet und China passen auf einen Bierdeckel.

Dafür erwarten Sie kurzweilige Schilderungen meiner ganz persönlichen Erfahrungen in sehr ungewöhnlichen Ländern, in die nur wenige Europäer je einen Fuß gesetzt haben. Ich weiß von ganz außergewöhnlichen Regionen und Menschen zu berichten, und meine Reisen brachten mich in so manche absurde Situation ...

Ich habe auf meinen Reisen zahlreiche Fotos angefertigt, die ich Ihnen nicht vorenthalten möchte. Am Ende dieses Buches finden Sie einen Link, über den Sie sich eine pdf-Datei herunterladen können mit einer Zusammenstellung der interessantesten Fotos.

Nordkorea

Oft wurde ich gefragt, warum um Himmels Willen ich nach Nordkorea fahren wolle. Nun, die Voraussetzungen damals waren einfach perfekt. Ich war Single, und ich hätte (vermutlich) keine Frau der Welt nach Nordkorea bekommen. Der Zeitpunkt war also günstig.

All die verrückten Geschichten über die Kims, das weltweit restriktivste politische System und der faktisch nicht vorhandene Tourismus machten mich neugierig. Da wollte ich unbedingt hin.

Über ein befreundetes Reisebüro lies ich in der nordkoreanischen Botschaft nach einer Einreisemöglichkeit für mich als Alleinreisenden anfragen. Die Antwort kam prompt: Geht nicht, wir lassen nur Gruppenreisen zu. Okay, kein Problem. Dann bin ich eben meine eigene Ein-Mann-Gruppe. Neue Anfrage gestellt und siehe da, sie wurde genehmigt!

Jetzt wurde es ernst. Ich wurde gefragt, was ich denn alles in Nordkorea besichtigen wolle.

Ich nannte meine drei bis vier Orte, die ich unbedingt sehen wollte. Wieder bekam ich eine schnelle Ablehnung. Gleichzeitig wurde mir mitgeteilt, was ich natürlich alles sehen dürfe. Da ich nicht sehr wählerisch sein konnte, sagte ich also zu.

Nordkorea und ich: Das wird eine Erfolgsgeschichte. So dachte ich jedenfalls.

Der erste Dämpfer kam prompt, und zwar in Form des unaussprechlichen isländischen Vulkans Eyjafjallajökull, der fröhlich seine Vulkanasche in ganz Europa verteilte. Mein Flug sollte am 20. April nach Peking und von dort aus weiter nach Pjöngjang gehen. Leider wurden ab dem 15. April ein Großteil der Flüge gestrichen, so auch meiner. Das Reisebüro meines Vertrauens nahm also Kontakt mit der nordkoreanischen Tourismusagentur auf, um den Flug und die weitere Reise zu verschieben.

Was folgte, gab mir schon mal einen ersten Eindruck von dem Land. Sie glaubten uns die Geschichte mit dem Vulkanausbruch schlicht nicht und unterstellten mir, dass ich nicht mehr in das Land reisen wolle! Unfassbar, dieses Ereignis war wochenlang in der Weltpresse, aber Nordkorea war der einzige Flecken auf Erden, wo niemand davon wusste.

Nach etlichen Mails und Kopien von Internetnachrichten und Zeitungsausschnitten, die dieses einmalige Ereignis dokumentierten, wurde mir dann Glauben geschenkt und man verschob die Reise um zwei Wochen nach hinten. Das Ganze geschah ohne zusätzliche Kosten, worüber ich mich heute noch wundere.

Am 03. Mai ging es dann endlich los. Ich flog von Frankfurt nach Peking und sollte von da weiter nach Pjöngjang fliegen. Am 04. Mai kam ich nach einem völlig ereignisarmen Flug in Peking an und irrte erstmal durch diesen gigantischen Flughafen. Der Weiterflug nach Pjöngjang war auf keiner Anzeigetafel ausgeschildert und niemand konnte mir Auskunft geben.

Nach einer langen und stressreichen Stunde teilte man mir schließlich mit, dass ich zum Terminal 2 fahren müsse. Dafür musste ich aber den Transitbereich verlassen. Gesagt, getan – und schon war ich offiziell in China eingereist. Da ich aber nur ein sogenanntes Single Entry Visum besaß, würde ich beim Rückflug aus Nordkorea eigentlich nicht mehr nach China einreisen können. Ich hatte aber vor, im Anschluss noch ein paar Tage in Peking zu bleiben. *Egal,* dachte ich mir, *erstmal nach Nordkorea kommen, der Rest wird sich dann klären.* Eine leise Stimme in mir sagte, dass das noch Stress geben werde ... sie sollte recht behalten.

Jedenfalls reiste ich letztlich aus Peking aus und befand mich wieder im Transit im Terminal 2. Hier lief alles völlig reibungslos ab. Ich holte mein Ticket am Schalter ab und wartete, bis der Flug um 13.00 Uhr startete. Das Gate für den Flug nach Pjöngjang befand sich in der hintersten Ecke des Terminals. Hier saß schon ein Dutzend Nordkoreaner, alles ältere Männer, alle mit großem Parteiabzeichen am Revers, alle mit einer Dose Coca-Cola in der Hand und alle mit zahlreichen Tüten aus den Duty-Free-Shops ausgestattet. Wie es sich halt für parteitreue Hardcore-Sozialisten gehörte: Wasser predigen und Wein trinken. Alle zwölf glotzten mich an wie ein seltenes Tier im Zoo. Ich lächelte in die Runde und winkte ihnen fröhlich zu – keine Reaktion.

Nun gut, dachte ich mir. *Ich darf in ein paar Tagen wieder raus, ihr aber müsst dortbleiben.*

Schon bald konnten wir uns zu Fuß auf den Weg in die betagte Tupolev-Maschine begeben. Von außen machte das Ding nun nicht den besten Eindruck und es wurde auch überall davon abgeraten, die Dienste der einzigen Fluggesellschaft Nordkoreas, der Air Koryo, in Anspruch zu nehmen. Aber das war die einzige Möglichkeit, in dieses Land zu kommen. Als ich das Flugzeug betrat, hätte ich jedenfalls beinahe laut losgelacht. Das Ding war komplett mit nagelneuen, knallroten Recaro-Sitzen ausgestattet.

Der nordkoreanische Pilot war in seinem früheren Leben sicherlich mal MIG-Kampfjets geflogen und zeigte uns direkt einmal, was man aus so einer alten Kiste alles rausholen kann. Es ging sehr schnell, sehr steil nach oben, und die Kurven zog er auch schnittiger, als ich das sonst so gewohnt war. Da ich zu jener Zeit noch unter recht schlimmer Flugangst litt, war das für mich kein wirkliches Vergnügen. Ich verkrallte mich in meinen roten Ledersitz und hoffte, dass der Flug schnell vorübergehen würde. Der Pilot brachte uns sicher und wohlbehalten an unser Ziel und so landete ich am Nachmittag auf dem Flughafen von Pjöngjang.

Das Flughafengebäude sah aus wie ein vergessenes Relikt aus den 60er Jahren. Riesige Fensterfronten zierten dieses etwa 80 Meter breite und 20 Meter hohe Betongebäude. Links und rechts befanden sich zwei große Landschaftsmalereien, die so typisch für Nordkorea sind. Oben auf dem Gebäude in der Mitte thronte neben dem großen, roten Pjöngjang-Schriftzug das unverzichtbare und allgegenwärtige Gemälde von Kim Il Sung, dem großen Führer und ewigen Präsidenten Nordkoreas, der 1994 im Alter von 82 Jahren einem Herzinfarkt erlegen war.

Die Zoll- und Passkontrolle verlief ohne größere Probleme. Man fragte mich lediglich, ob ich ein Handy bei mir hätte. Dies hätten sie mir abgenommen, weil es strengstens verboten ist, ein solches Gerät ins Land einzuführen, um damit Fotos zu schießen.

Draußen erwartete mich dann meine Entourage: Zunächst war da Han, meine Reiseleiterin, eine circa dreißigjährige, sehr schlanke, recht gutaussehende Nordkoreanerin, die in etwa 160 cm groß war und erstaunlich gut Englisch sprach. Dann war da mein zweiter „Reiseleiter",

Kim, circa 45 Jahre alt, für einen Nordkoreaner recht groß, hager, mit Brille und Anzug, der deutlich schlechteres Englisch sprach und ein massives Alkoholproblem hatte (dazu später mehr). Last, but not least war da unser Fahrer, der mir leider nicht vorgestellt wurde, der aber überhaupt kein englisches Wort von sich gab. Ich fragte irgendwann nach seinem Namen, der recht kompliziert klang, muss aber zu meiner Schande gestehen, dass ich ihn leider wieder vergessen habe. Ich war überzeugt, dass er jedes Wort verstand; oft genug schauten wir uns an und er lächelte wissend. Ein überaus netter Kerl.

Klasse, dachte ich, *drei Leute ganz für mich allein!* Auf der Fahrt zum legendären Yanggakdo-Hotel unterhielt ich mich ein wenig mit Han. Ihr Vater war als Diplomat in verschiedenen osteuropäischen Ländern gewesen, was ihre Englischkenntnisse erklärte.

Das Yanggakdo-Hotel erlangte 2016 traurige Berühmtheit, als ein junger Amerikaner in die verbotene fünfte Etage eindrang, dort ein Plakat von der Wand entfernte und damit leider erwischt wurde. In einem Schauprozess wurde er zu einer Strafe von 15 Jahren in einem Arbeitslager verurteilt. Nach 17 Monaten in Gefangenschaft verschlechterte sich sein Gesundheitszustand dramatisch, so dass die Nordkoreaner ihn schleunigst in die USA ausfliegen ließen. Unglücklicherweise starb er ein paar Tage später.

Das Hotel ist circa 170 Meter hoch, verfügt über 47 Etagen, 1.000 Zimmer, und liegt auf einer Insel im Fluss Taedong. Ich bezog ein recht ordentliches Zimmer im 38. Stockwerk und war komplett allein auf dieser riesigen Etage. Die Aussicht auf die Stadt war sensationell. Direkt hinter dem Fluss verlief eine Schnellstraße, auf der – wenig überraschend – kaum Verkehr herrschte. Nur Militärs und hohe Parteimitglieder fahren in diesem Land Auto.

In einiger Entfernung konnte ich das sehr futuristisch anmutende Ryugyong-Hotel ausmachen. Leider ist der 330 Meter hohe Bau, der 1987 begonnen worden war, nie fertiggestellt worden. Da hat man sich wohl ein wenig übernommen. Es gibt massive Material- und Konstruktionsprobleme. Typisch für Nordkorea ist, dass die riesige Bauruine totgeschwiegen wird und Stadtpläne und Karten das Hotel nicht ausweisen.

Das Gebäude hatte in etwa die Form einer langgestreckten Pyramide und war recht hübsch anzuschauen.

Mein Zimmer unterschied sich überhaupt nicht von Mittelklassezimmern überall auf der Welt. Ja, die Badezimmerausstattung war recht betagt, aber da war ich aus anderen Ländern noch ganz anderes gewohnt. Es war allerdings auffällig, dass sich das große Fenster komplett öffnen ließ. Ich fand das super, da ich so sehr schöne Aufnahmen von dem sagenhaften Panorama schießen konnte. Aber es stockte mir schon der Atem, wenn ich runterschaute. Ich befand mich immerhin in der 38. Etage!

Ich habe mich oft gefragt, ob ich in meinem Hotelzimmer abgehört oder gefilmt wurde. Falls das der Fall gewesen sein sollte, stellten sie es jedenfalls verdammt gut an. Ich habe nichts bemerkt. Allerdings hatte ich auch keine Lampen oder andere Einrichtungsgegenstände auseinandergenommen, um nachzuschauen. Das wäre mir im Zweifel wohl auch nicht gut bekommen.

Es gab verschiedene Aufzüge im Hotel, aber wirklich spektakulär war der Glasaufzug an der Außenfassade des riesigen Gebäudes, von wo aus man einen tollen Blick auf das Stadion „Erster Mai" erhaschen konnte – das größte

11

Stadion der Welt. Es fasst mindestens 110.000 Gäste und bietet alljährlich die Kulisse für das berühmte Arirang-Festival, welches ich aufgrund der Aktivitäten des unaussprechlichen isländischen Vulkans leider verpasst hatte. Jenes Festival ist eine gigantische Massenveranstaltung mit über 100.000 Menschen, wo die heroische Geschichte Nordkoreas im Allgemeinen und natürlich die ruhmreichen Taten der Kims im Besonderen nachgetanzt und nachgestellt werden.

Ich erwähnte bereits jenen unglücklichen Amerikaner, der in die verbotene fünfte Etage eindrang. Tatsächlich konnte man die Etage mit dem Aufzug gar nicht anfahren. Auf den Knopf für die vierte Etage folgte auf dem Fuße der Knopf für die sechste. Und wenn ich von der vierten in die sechste Etage fuhr, merkte ich, dass ich eine weitere Etage passierte.

Ich ging unten in eines der Restaurants im Hotel und bekam einen ersten Eindruck was mich kulinarisch die nächste Zeit hier erwarten würde. Es gab lauwarmen Kohl und kalten Reis. Das Ganze wurde serviert in einem riesigen, unpersönlich und kalt wirkenden Raum, in dem ich so gut wie allein saß. Die unfassbar schmutzigen Tischdecken durfte ich in der darauffolgenden Zeit ebenfalls jeden Tag in unterschiedlicher Ausprägung bewundern. Ich bekam zum Essen eine Flasche nordkoreanisches Bier serviert, und das war erstaunlich gut und somit das Highlight des Abends.

Im Laufe der folgenden Tage stellte ich allerdings fest, dass man auf keinen Fall mehr als eine Flasche davon trinken sollte, da man sonst schlimme Kopfschmerzen bekam.

Ich konnte diese Reise übrigens nur mit Vollpension buchen. Mit der einheimischen Währung oder gar frei zugänglichen Restaurants oder Cafés kam ich in Nordkorea nicht in Berührung.

Ich ging zeitig schlafen und freute mich auf den nächsten Tag.

Am nächsten Morgen traf ich meine drei Begleiter pünktlich um 09.00 Uhr vor dem Hotel in einem alten russischen Jeep. Die beiden Männer saßen schweigend vorne; Han und ich nahmen auf der Rückbank Platz. Wir fuhren in die Myohyang-Berge im Norden des Landes. Die Fahrt dauerte zwei Stunden, und nach 160 Kilometer auf einer sehr breiten, völlig verwaisten Autobahn – sie sah eher aus wie eine Panzerstraße – erreichten wir unser Ziel: die sogenannte Freundschaftsausstellung, die in zwei pagodenförmigen Prachtanlagen untergebracht war.

Jene Ausstellung beinhaltet auf mehreren tausend Quadratmetern Gaben und Geschenke von Staatsmännern aus aller Welt und soll dokumentieren, wie unglaublich populär und beliebt die beiden Kims bei den wichtigen Staatsmännern und -frauen waren. Am Eingang holte uns eine junge Nordkoreanerin in einem traditionellen, reichhaltig geschmückten Kleid ab und führte uns durch die Ausstellung. Sie sprach kein Englisch, also musste Han für mich übersetzen. Während wir so durch die Ausstellung schlenderten, interessierte sich die junge Dame allerdings mehr für mich als für ihren Job, und fragte Han alles Mögliche über mich. Ob ich verheiratet sei, ob ich Kinder hätte, oder eine Freundin, was ich beruflich mache und so weiter. Zum Schluss teilte sie uns mit, dass die Kims auch eine Menge lebendige Tiere aus aller Welt geschenkt bekommen hätten und es somit auch einen Zoo gebe. Sie bot mir an, hier als Tierpfleger zu arbeiten und bei ihr zu wohnen. Ich dachte kurz darüber nach und entschied, dass es mir daheim doch noch ein wenig besser gefällt als hier in Nordkorea. Schweren Herzens lehnte ich also dieses verlockende Angebot ab.

Ach ja, die Ausstellung. Alle Geschenke und Ausstellungsstücke befanden sich in großen Vitrinen, die endlose Gänge zierten. Ich hatte das Gefühl, ich wäre in einer Bunkeranlage. Natürlich durfte ich auch hier nicht fotografieren. Einiges von dem unglaublich geschmacklosen Plunder hätte ich allerdings wirklich gerne für die Nachwelt festgehalten. So gab es zum Beispiel ein ausgestopftes Krokodil, das man auf die Hinterbeine gestellt und als Kellner mit Frack und Tablett verkleidet hatte. Auffällig war, dass die allermeisten Geschenke von irgendwelchen Schurkenstaaten in Zentralafrika oder Mittelamerika stammten. Es befanden sich auch unübersehbar viele Waffen in der Ausstellung. Auch solche Menschen dachten pragmatisch. Die mir zugeneigte Dame teilte uns mit, dass die Kims grundsätzlich alle Geschenke selbstlos an diese Ausstellung weitergeben und wirklich nichts für sich selbst behalten würden. Das Volk sollte schließlich die Liebe und Zuneigung der anderen Staatspräsidenten für Nordkorea sehen und gleichzeitig die Großzügigkeit der beiden Kims erkennen.

Alle Geschenke? Naja, nicht ganz. In der Ausstellung fehlten zwei Omega Speedmaster, ein Geschenk aus der Schweiz. Da war die Versuchung doch ein wenig zu groß gewesen …

Die revidierte Romanisierung, also die offizielle Umschrift des Namens der Freundschaftsausstellung, lautet übrigens *Gukjechinseonjeonnamgwan*.

Anschließend besichtigten wir noch eine sehr schöne, 1.000 Jahre alte buddhistische Tempelanlage, ehe wir in einem nahegelegenen Hotel einkehrten. Meine drei Begleiter wollten mich erst alleine essen lassen. Ich bestand aber darauf, gemeinsam zu speisen. Ich empfand die Gesellschaft meiner Begleiter bisher als sehr angenehm – alle waren bemüht, mir meinen Aufenthalt in Nordkorea so angenehm wie möglich zu gestalten.

Es gab natürlich wieder Reis und Kohl – dieses Mal warm – und dazu eine Flasche Bier, die ich aber nicht trank.

Nach dem Essen fuhren wir wieder zurück nach Pjöngjang, um uns das Fußballländerspiel der Damen zwischen Nigeria und Nordkorea anzuschauen. Das Spiel fand im Kim-Il-Sung-Stadion statt, das 1926 erbaut worden war und eine Kapazität von circa 50.000 Plätzen besaß.

Meine drei Begleiter knöpften mir für den Eintritt 20 Euro ab, worüber ich mich doch arg wunderte. Han erklärte mir, dass Ausländer immer mehr bezahlen müssten. Egal, ich wollte mir die Laune nicht vermiesen lassen und freute mich auf das Spiel.

Im Stadion angekommen, stellte ich Folgendes fest:
- Das Stadion war fast voll
- Das Publikum bestand zu einer Hälfte aus Soldaten und zur anderen aus Frauen
- Ich war der einzige Europäer im ganzen Stadion
- Alle Gäste, die ein Fernglas besaßen (und das waren nicht wenige), beobachteten mich

Wir hatten tolle Sitzplätze, fast auf Höhe der Mittellinie. Die Koreaner feuerten ihr Team lautstark an, wenn sie das Treiben nicht gerade durch ihr Fernglas verfolgten. Die Stimmung war sehr angenehm und friedlich. Während des Spiels begann es zu regnen, was der nordkoreanischen Mannschaft offensichtlich zugutekam. Sie wurde immer stärker.

Nordkorea gewann verdient mit 3:0. Mir fiel auf, dass die nordkoreanischen Spielerinnen alle wie Männer aussahen. Im Gegensatz zu den Nigerianerinnen, die ich durch die Bank weg recht hübsch anzusehen fand, zeichneten die einheimischen Spielerinnen ausnahmslos ein Kurzhaarschnitt und ein auffallend breites Kreuz aus. Dies war auch deswegen bemerkenswert, da die nordkoreanischen Frauen auf mich zumeist außerordentlich hübsch wirkten.

Zum Abendessen fuhren wir in ein kleines Restaurant irgendwo in der Stadt. Es gab traditionellen koreanischen Feuertopf mit Kohl und Reis. Das war richtig lecker! Von dem angebotenen Schnaps ließ ich aber die Finger, ganz im Gegensatz zu meinem zweiten Begleiter Kim, der hier erstmals zeigte, was trinktechnisch so alles bei ihm ging.

Während des Abendessens versuchte Han, eine politische Diskussion mit mir anzufangen. Sie ermunterte mich, offen meine Meinung zu äußern. Dazu verspürte ich aber an jenem Abend, auch weil es ein sehr schöner Tag gewesen war, einfach keine Lust. Ich konnte nicht wirklich einschätzen, ob mir ein offenes Gespräch Erkenntnisse oder doch Arbeitslager einbringen würde …

Im weiteren Verlauf meiner Reise ließ ich mich aber des Öfteren darauf ein und wir führten dann sehr angeregte Diskussionen über koreanische Geschichte und Weltpolitik. Da sie in einigen osteuropäischen Ländern gelebt hatte, hatte sie natürlich eine deutlich umfassendere politische Bildung genossen als ihre Mitbürger. Dennoch merkte ich zu jeder Zeit, dass sie stramm auf Parteilinie getrimmt war. Das führte stets und unmittelbar zu kontroversen Gesprächen, die ausnahmslos ohne Konsens endeten. Trotzdem fing sie immer wieder an, mit mir zu diskutieren. Sie hatte offensichtlich Spaß daran.

Als die drei mich zurück zum Hotel brachten, teilte mir Han mit, dass wir morgen den lieben Führer Kim Il Sung besuchen würden. „Aber der ist doch schon lange tot", bemerkte ich. Sie schaute mich finster an.

„Wir fahren ins Mausoleum", sagte sie dann. Mir rutschte ein, „Och nee, muss das sein?", heraus, worauf sich ihr Blick weiter verfinsterte. Ihre Retourkutsche folgte umgehend. Sie musterte mich abschätzig und sagte: „Und bitte zieh dir etwas Vernünftiges an. Zumindest ein neutrales T-Shirt ..."

Abends im Hotel wurde ich gegen 22.00 Uhr von einer mir völlig unbekannten Person angerufen, die mich in schlechtem Englisch darauf hinwies, dass ich kein gültiges Visum für China besäße. Ich war beeindruckt, wie schnell die das herausgefunden hatten.

Am nächsten Morgen um 07.45 Uhr wurde ich dann erneut angerufen und auf das fehlende Visum hingewiesen. Ich konnte aber glaubhaft versichern, dass ich das innerhalb der letzten zehn Stunden nicht vergessen hatte. Ich fuhr mit dem Aufzug ins Restaurant im Erdgeschoss, um zu frühstücken. Dort wartete bereits Kim, mein zweiter Begleiter, und drückte mir einen Visumantrag in die Hand, den ich doch bitte ausfüllen sollte.

Ob ich denn Passfotos dabeihätte?

Sonst immer, heute leider nicht! Was jetzt?

Sodann bezahlte ich Kim 60 Euro für eine neues Visum. Nach dem Frühstück, es gab wie immer Toast, Butter, jeweils eine Scheibe Käse und Formschinken sowie etwas, das wie Kaffee aussah, aber eher schmeckte wie kaltes Spülwasser, warteten die drei draußen vor dem Hotel auf mich. Es war ein unglaublich nebeliger und trüber Tag. Die Luft war feucht und kalt und ich stand in Jeans, T-Shirt und Turnschuhen vor Han. Sie musterte mich missbilligend. Ich zuckte mit den Schultern. Beim nächsten Mal bringe ich Anzug und Krawatte mit – versprochen! Sie hingegen hatte sich echt chic zurechtgemacht. Sie trug ein zauberhaftes fliederfarbenes Kleid mit aufwändigen Blumenstickereien, dazu hochhackige Schuhe und eine weiße Umhängetasche. Die beiden Männer trugen wie immer einen dunklen Anzug. Ich kam mir vor wie der letzte Penner. Aber ich hatte ein neutrales T-Shirt an!

Erstmal fuhren wir zur chinesischen Botschaft. Wir hielten am Straßenrand, ich kurbelte die Fensterscheibe herunter. Ein Mann, der draußen auf uns wartete, zückte sein uraltes Handy und fotografierte mein völlig verdutztes Gesicht. Fenster wieder hochgekurbelt – das war's.

Mit den 60 Euro, dem ausgefüllten Visumantrag und dem Handybild hatte die chinesische Botschaft nun alles, um meinem bereits konfiszierten Reisepass einen weiteren China-Stempel zu verpassen.

Weiter ging es zum Mausoleum. Wir liefen durch gigantische Marmorhallen mit riesigen Decken, durch endlose Gänge, über zahllose Treppen, bis wir endlich in jenem Raum angelangten, in dem der große, liebe Führer Kim Il Sung in seinem Glassarkophag seine letzte, nicht ganz so friedliche Ruhe gefunden hatte.

Der Typ sah wirklich schlecht aus. Ho Chi Minh in Hanoi war in deutlich besserem Zustand, aber der wurde auch regelmäßig nach Moskau zu den dortigen Einbalsamierungsspezialisten geflogen.

Das machten die Nordkoreaner mit ihrem geliebten Führer wohl nicht. Entweder hatte das finanzielle Gründe oder, was ich eher glaube, sie waren zu misstrauisch und befürchteten, die Russen würden diese unförmige, mit Formalin vollgepumpte Masse im Anzug nicht wieder herausrücken.

Überall im Raum standen Soldaten und beobachteten mich. Somit war ich gezwungen, mich dreimal vor dem großen Führer zu verbeugen. Ich war froh, als wir den Raum wieder verließen. Wir gelangten in eine weitere riesige Kammer, wo wir die Kim Il Sung verliehenen Orden bewundern durften.

Die meisten stammten von so zwielichtigen Gestalten wie Arafat, Gaddafi und Konsorten – wen wundert's. Ich hielt mich mit Kommentaren brav zurück – besser ist das. Außerdem war ich Gast in diesem Land und nicht in missionarischer Tätigkeit unterwegs. Für mich war alles „amazing" und „very impressive".

Anschließend fuhren wir zu einem Vergnügungspark. Das trübe, graue und trostlose Wetter passte zu den traurigen Attraktionen, die bei uns in Deutschland selbst in den 50er Jahren niemanden vom Hocker gerissen hätten.

Es gab zwei Karussells, eine Achterbahn und so etwas wie einen Autoscooter. Keines der Geräte erweckte einen vertrauenswürdigen Eindruck. Überall blätterte die Farbe ab und es sah aus, als wären diese Fahrgeschäfte schon länger nicht mehr in Betrieb gewesen.

Bezeichnenderweise befand sich außer uns kein einziger Besucher auf der Anlage.

Es wurde peinlich genau darauf geachtet, dass ich bloß nicht mit Einheimischen in Kontakt kam. Auch konnten wir nicht in die wenigen Teestuben oder Imbisse gehen. Begründung: Die Nordkoreaner seien Ausländer nicht gewohnt und die Regierung wünsche keine Kontakte. Auch schön war folgende Ausrede: „Das ist zu gefährlich für dich." Ich vermutete, es war eher für die Einheimischen zu gefährlich, mit einem Fremden zu sprechen. Frei nach dem Motto: „Was sprichst Du mit dem Ausländer? Kennst Du den? Bist Du etwa ein Spion?"

Ich hatte mal irgendwo gelesen, dass von den circa 24 Millionen Einwohnern Nordkoreas etwa ein Prozent in Arbeitslagern eingesperrt sind ...

Bis auf ganz wenige Ausnahmen, war ich für sämtliche Nordkoreaner auf der Straße und in öffentlichen Gebäuden Luft. Wirklich niemand schaute mich an. Ich gewann den Eindruck, dass die Menschen mit Absicht geflissentlich an mir vorbeiblickten. Da war kein Blick, der mir galt, keine Neugierde, keine Reaktion in irgendeiner Weise auf mich. Wo man in anderen Ländern als Tourist gerne mal zu viel Aufmerksamkeit bekam, war hier genau das Gegenteil der Fall. Manchmal – ganz selten – in Parks oder in der U-Bahn in Pjöngjang trafen mich Blicke, kurz und zufällig. Es gab kein Lächeln, auch keine Erwiderung auf ein freundliches Lächeln von mir. Der Blick wurde sofort und unmittelbar abgewandt. Ich verstand, warum die Menschen so reagierten, und in solchen Momenten taten sie mir unglaublich leid.

Nur einziges Mal erlebte ich Menschen in der Öffentlichkeit ein wenig ausgelassen. Das war in einem Park irgendwo im Süden des Landes, wo es kleinere Personen-gruppen gab, die ein Picknick veranstalteten und dabei tatsächlich lachten. Nicht laut und herzlich, wie man das vielleicht von uns oder ganz besonders von südeuropäischen Ländern gewohnt war. Es war eher leise und verhalten, und ich gewann den Eindruck, dass die Menschen nicht auffallen wollten.

Wir fuhren zurück ins Hotel, wo ich das Mittagessen – es gab Reis und Kohl – allein zu mir nahm.

Dann ging es weiter in die Filmstudios, die circa 16 Kilometer außerhalb von Pjöngjang liegen. Hier konnte ich Kulissenstraßen bewundern, die europäischen und japanischen Straßenzügen der 30er Jahre nachempfunden waren. Ich fühlte mich ein wenig wie in einer Geisterstadt. Klar, außer uns war ja auch niemand dort. Kim Jong Il, der als großer Filmfan gilt, soll zu diesem Zeitpunkt bereits satte 650-mal hier gewesen sein. Jaja, man zählte akribisch seine Besuche! Mein zweiter Aufpasser Kim erzählte stolz, dass Kim Jong Il bei seinen Besuchen aktiv ins Filmgeschehen eingreife und Anweisungen gebe, die dann auch umzusetzen seien. Ob er das denn auch könne, fragte ich Kim.

„Er kann alles", bekam ich zur Antwort.

Halt jetzt bloß den Mund, sagte ich zu mir selbst. Ich stellte mir vor, wie sich das ganze Filmteam freute, wenn Kim Jong Il auf dem Set erschien, kurzerhand das Drehbuch umschrieb, Schauspieler feuerte, neue einstellte und den Regisseur massiv unter Druck setzte, während das Damoklesschwert einer langjährigen Haft im Arbeitslager über allen Beteiligten schwebte … So entstanden gute Filme!

Obwohl ich nichts sagte, merkte Kim, dass ich nicht überzeugt war. Vielleicht war es seine kleine Rache, dass ich kurze Zeit später allein in einen muffigen Vorführraum gesteckt wurde und mir zähe 20 Minuten lang einen Ausschnitt aus einem nicht synchronisierten Spielfilm anschauen musste, der auf eben diesem Gelände gedreht wurde. Eine Handlung konnte ich, wahrscheinlich aufgrund des Sprachdefizits, nicht ausmachen. Da standen Menschen um ein Lagerfeuer und stritten, zumindest interpretierte ich das so.

Als ich wieder ans Tageslicht durfte, wo ich mich zunächst über die saubere Luft freute, meinte Kim, dass er auch gerne Filme schaue. Ob er denn westliche Filme kenne, fragte ich ihn.

„Klar", sagte er, „Titanic, und Vom Winde Verweht." Letzterer entsprach ungefähr dem technischen Stand, den die Nordkoreaner aktuell auf dem Gebiet besaßen. Auch verstanden sie etwas völlig anderes unter einer Spannungskurve als die Bewohner der westlichen Hemisphäre.

Weiter ging es zu einer Hochbegabtenschule in Pjöngjang. Hier wurden ausgesuchte Schüler nach dem regulären Schulunterricht in Kunst, Musik und Sport unterrichtet. Wir durften bei den Unterrichtsstunden zuschauen. Es schien, als hätten alle Schüler wirklich Spaß am Unterricht – nichts wirkte ge- oder erzwungen.

Abgedreht fand ich lediglich die Kalligraphiestunde. Hier mussten die Schüler die Handschrift von Kim Il Sung und Kim Jong Il auf das Genaueste kopieren.

Anschließend gab es im großen Saal eine Tanz- und Musikaufführung. Das war wirklich sensationell. Unglaubliche Choreografien der Tänze, eine sagenhafte Virtuosität einer circa zehnjährigen Violinistin und sehr beeindruckende Gesangsdarbietungen ließen diese Stunde sehr kurzweilig werden.

Apropos Personenkult: Am nächsten Morgen fuhren wir als Erstes zum Mansu-Hügel, um die 20 Meter hohe Bronzestatue von Kim Il Sung zu bewundern. Auf dem Weg dorthin wurde ich entsprechend instruiert: Die Statue dürfe nur im Ganzen fotografiert werden. Dann sollte ich einen Blumenstrauß kaufen (für zehn Euro) und dem „Großen Führer" vor die legierten Füße legen. Anschließend sollte ich mich vor der Figur verbeugen. Da hatten wir aber jetzt Diskussionsbedarf ...

Fotografieren im Ganzen: Okay. Hatte ich auch nicht anders vor. Blumen für zehn Euro und Verbeugung vor einer Statue: nein. Es gab eine längere Diskussion. Ich redete mich raus: „Ich kann mich nicht verbeugen, ich habe Rückenschmerzen." Han schaute mich sauer an, sagte aber nichts weiter.

Links und rechts der Statue befanden sich zwei 50 Meter lange steinerne Figurengruppen mit Fahnen, die den Freiheitskampf der Nordkoreaner symbolisierten. Etwas weiter stand die berühmte und etwa 50 Meter hohe Ch'ŏllima-Statue, die aussah wie ein riesiger Pegasus aus Bronze und den schnellen Wiederaufbau nach dem Koreakrieg darstellte. Generell fiel mir auf, dass die Denkmaldichte hier in Pjöngjang enorm war. Überall standen gigantische Statuen herum, die irgendetwas mit dem Koreakrieg oder dem Wiederaufbau des Landes oder der scheinbaren Unabhängigkeit Nordkoreas zu tun hatten. Die Einweihung dieser Dinger fand, soweit ich das überblicke, immer am Geburtstag von einem der beiden Kims statt. Wenn man überlegt, wie arm und unterdrückt dieses Land ist ... und gleichzeitig wurden zig Millionen für

Denkmäler zur Huldigung der Kim-Dynastie ausgegeben, die man an anderer Stelle sicherlich sinnvoller hätte einsetzen können.

Anschließend fuhren wir zum Kim Il-Sung-Platz (es hätte auch keinen besseren Namen gegeben) und schlenderten über dieses gigantische Areal. Sicherlich haben Sie schon mal Bilder dieses Platzes gesehen. Paraden und Aufmärsche finden dort regelmäßig statt.

Wir liefen weiter zum Kaufhaus Nr. 1, das prinzipiell ein großes Einkaufszentrum war. Von außen erschien es riesig – und ich durfte es auch nur von außen bewundern, denn der Eintritt war für mich nicht erlaubt. Ich fragte nach dem Grund, da es doch für ausländische Gäste gedacht war. Leider erhielt ich zur Antwort nur ein Schulterzucken von Kim.

Weiter ging es dann zum Studienhaus des Volkes, eine unfassbar große Bibliothek, die sich auf eine Fläche von über 100.000 Quadratmeter erstreckte und angeblich 30 Millionen Bücher beherbergte. Die Bibliothekare waren ausgesprochen freundlich und erzählten stolz, dass sie hier auch drei deutsche Bücher hätten. Das erste trug den Titel „Bäume", stammte aus dem Jahr 1980 und war ein Fachbuch über – nun ja – Bäume.

Das zweite Buch trug den Titel „Java 4", war 1990 erstveröffentlicht worden und befasste sich mit der Erstellung von Webseiten.

Das dritte und letzte Buch war ein uralter Schmöker über Microsoft. Ich fragte mich, was die Nordkoreaner damit wollten und wie sie an diese Bücher gekommen waren …

Ich durfte während meines Besuchs das für nordkoreanische Verhältnisse moderne Rohrpostsystem der Bibliothek ausprobieren. Und das ging so: Zunächst durfte ich mir ein beliebiges Buch aussuchen. Ich entschied mich für „Bäume", das erschien mir am ehrlichsten. Einer der freundlichen Bibliothekare sprach in ein seltsames Gerät und nach gefühlt fünf Minuten kam „Bäume" durch das ausgeklügelte Rohrsystem geflogen und landete direkt vor mir in einem Korb. Das Schönste war zu sehen, wie unglaublich stolz die Mitarbeiter der Bibliothek auf ihre Rohrpost waren. Sie strahlten über das ganze Gesicht und freuten sich über die schnelle Beförderung des Buches von einem verstaubten Regal irgendwo in den Eingeweiden dieses Monumentalbaus bis in meine Hände. Ich freute mich mit ihnen und bedankte mich sehr herzlich für die tolle Vorführung.

Weiter ging es in einen eher langweiligen Buchladen, der nicht mehr als etwa 200 Bücher, allesamt in der Landessprache verfasst, anbot. An jeder Straßenecke und Kreuzung standen Polizistinnen, die den Verkehr regelten. Ampeln gab es auch, aber aufgrund der sehr unzuverlässigen Stromversorgung blieben sie abgeschaltet.

Wir fuhren zurück zum Hotel, wo man mir als Mittagessen kalten Kohl mit Reis auftischte. Mir fiel auf, dass ich nichts zu trinken hatte; so schlenderte ich in Richtung Küche, um nach einem Getränk zu fragen. Da sah ich Kim hinter einem Paravent stehen, wo er sich die Flasche Bier, die für mich bestimmt war, auf ex und in Rekordzeit hinter die Binde kippte. Jetzt wurde mir auf einmal klar, warum mir in den letzten Tagen mittags und abends kein Bier mehr serviert worden war. Kim hatte das am Kücheneingang einfach abgefangen. Was soll's, ich trank eh nie Alkohol zu den Mahlzeiten.

Unser Ziel für den Nachmittag lautete Nampo, die drittgrößte Stadt in Nordkorea mit circa 450.000 Einwohnern. Nampo ist eine Hafenstadt und liegt etwas südlich von Pjöngjang. Unterwegs wurde mir von Han strengstens untersagt, in Nampo zu fotografieren.

Zunächst hielten wir noch am Geburtshaus vom geliebten Führer an. Hier durfte ich fotografieren, der Ort war aber eher mäßig spannend. Meine Begleiter hingegen fanden es hier sehr aufregend, was ich wiederum verstehen konnte, da dieser Ort für sie wahrscheinlich etwas Heiliges hatte.

Weiter ging es zu einer Mineralwasserfabrik in Nampo, wo ich die hiesigen Erzeugnisse auch probieren durfte. Und dann erreichten wir am späten Nachmittag eine idyllische Parkanlage namens Ryonggang Hot Spring House. Man stellte uns hier ein großes Haus mit mehreren Zimmern zur Verfügung. Die beiden Herren teilten sich ein Zimmer im Erdgeschoß, Han kam im Zimmer daneben unter. Ich bezog ein großes Zimmer im ersten Stockwerk. Han sagte mir, dass ich doch die Badewanne benutzen solle, da hier das Wasser direkt aus den heißen Quellen kam. Ich solle aber nicht zu lange drinbleiben, da das Wasser leicht radioaktiv sei. Ich beschloss, dass eine kurze Wäsche am kleinen Waschbecken für den Tag ausreichend war.

Kim fragte mich, ob ich Lust auf ein nordkoreanisches Muschelbarbecue hätte.

„Na klar", sagte ich. „Super Idee!"

Ich war dankbar, etwas anders als Reis und Kohl zu bekommen, und hätte in diesem Moment (fast) alles gegessen.

Kurze Zeit später fand ich die Idee doch nicht mehr so super. Kim organisierte einen großen Sack mit Muscheln, legte sie am Straßenrand (da fuhren eh keine Autos) auf eine uralte Bambusmatte, schüttete reichlich Spiritus darüber und zündete dann alles an. Er hatte zudem zwei Flaschen selbstgebrannten Schnaps besorgt. Mir wurde ein wenig mulmig zumute.

Das wird ein interessanter Abend, dachte ich mir und sollte recht behalten. Während ich also beobachtete, wie die großen Muscheln in den Flammen immer dunkler wurden, öffnete Kim die erste Flasche und goss uns allen einen großen Schluck in die mitgebrachten Zahnputzbecher aus den Zimmern ein. Das Zeug schmeckte so schlimm, wie ich es insgeheim bereits befürchtet hatte, nahm mir aber gleichzeitig ein wenig die Angst vor den spiritusgetränkten Muscheln. Nach dem zweiten Glas war es mir dann auch schon egal und wir machten uns über die Mahlzeit her. Durch den Spiritus schmeckten die Muscheln wirklich scheußlich. Nach dem dritten Glas bemerkte ich davon aber nichts mehr und nahm noch einen Nachschlag.

Nachdem wir die Muscheln und den Schnaps vernichtet hatten, begaben wir uns in das etwas entfernte Restaurant der Anlage. Dort ging es fröhlich weiter mit Bier und Schnaps; wir veranstalteten ein heftiges Saufgelage. Eigentlich wäre das noch ganz lustig gewesen, leider begann Kim mit zunehmendem Alkoholpegel erst die junge Kellnerin und später Han zu bedrängen. Unser Fahrer und ich wiesen ihn erst sanft – und dann, als er partout nicht mehr zugänglich war – sehr deutlich in die Schranken.

Zunächst beschäftigten wir ihn mit weiteren Getränken. Das war aber keine gute Idee. Also nahmen wir ihm den

Alkohol weg, was er nicht goutierte. Er konnte aber nichts dagegen unternehmen. Später, nachdem er Besserung gelobt hatte, wollte er tanzen. Erst mit dem Fahrer, der sich auch noch darauf einließ. Der war auch völlig hinüber, konnte sich aber zumindest noch benehmen. Dann mit mir, das habe ich dankend abgelehnt. Dann schnappte er sich Han, wobei es schnell so aussah, als wären Kim fünf Hände zusätzlich gewachsen. Wir trennten ihn also wieder von ihr. Als wir den Rückweg antreten wollten, klappte er im Restaurant zusammen. Wir schnappten ihn uns und schleppten ihn nach draußen. Dort mussten wir feststellen, dass plötzlich der Strom ausgefallen war. Es war also stockdunkel und niemand von uns hatte eine Ahnung, wo auf dieser weitläufigen Anlage unsere Unterkunft lag. Also irrten und wankten wir mit dem völlig fertigen, aber immer wieder renitent werdenden Kim im Schlepptau durch die sternenlose Nacht. Es war bitterkalt und wir waren total am Ende. Es gab niemanden weit und breit, den wir nach dem Weg hätten fragen können. Die ganze Anlage war verwaist und außer uns vier völlig betrunkenen Gestalten befand sich keine Menschenseele vor Ort. Die junge Kellnerin hatte sicherlich längst die Flucht ergriffen, um nicht nochmal die äußerst unangenehmen Flirtversuche von Kim ertragen zu müssen.

Der wurde alsbald bewusstlos, so dass wir ihn auch noch durch die Nacht tragen mussten. Den Weg zurück ins Restaurant hätten wir, davon abgesehen, auch nicht mehr gefunden. Später – sehr viel später – erreichten wir endlich das kleine Häuschen. Wir trugen Kim, der mittlerweile fest schlief und laut schnarchte, auf sein Bett. Der Fahrer schaute mich erwartungsfroh an.

„Oh nein, ich werde ihn nicht ausziehen. Das kannst Du vergessen. Meinetwegen kann er in seinem Anzug schlafen!"

Als Han auf ihr Zimmer gehen wollte, schnellte Kim mit dem Oberkörper hoch, entwickelte auf einmal eine ungeahnte Dynamik und wollte ihr sofort an die Wäsche gehen. Glücklicherweise konnte Han im letzten Moment die Tür von innen verriegeln. Wir packten Kim, warfen ihn zurück ins Bett und machten ihm deutlich, dass jetzt endgültig Schluss sei. Ich verzog mich auf mein Zimmer, völlig fertig von dieser ungewohnten Menge an Alkohol.

Am nächsten Morgen wachte ich auf. Ich öffnete die Augen. Gott sei Dank, ich war von dem Schnaps nicht blind geworden! Aber ich lag verkehrtherum im Bett. Ich ahnte, dass das ein harter Tage werden würde.

Mir ging es schlecht, richtig schlecht!

Nach vier Kopfschmerztabletten, einem Liter Wasser und den obligatorischen kalten Toastbroten wurde es ein wenig besser, aber ich war weit davon entfernt, auch nur halbwegs fit zu sein …

Wir fuhren weiter zum Taedong-Staudamm. Hier hätte ich die acht Kilometer lange Staumauer sowie ein Museumsgebäude in Ankerform bewundern dürfen, falls ich nicht noch gefühlt drei Promille vom Vorabend im Blut gehabt hätte. Wir besuchten eben dieses Museum und man setzte mich sofort allein in einen Raum, wo ich mir 30 Minuten lang einen Film über den Bau des Staudamms anschauen musste. Ich sah alles wie durch einen dichten Nebel. Mein Magen rebellierte und ich hoffte, dass der Tag schnell vorbeigehen würde.

Der Staudamm an sich war wirklich sehr beeindruckend und eine technische Meisterleistung. Bei Fertigstellung 1986 war er der größte Staudamm der Welt.

Die Fotos, die ich hier schoss, sind jedenfalls sehr schön. Ansonsten kann ich mich aber an kaum etwas von dort erinnern.

Im Anschluss ging es weiter über ruppige Schotterpisten. Die Umgebung wirkte auf mich wie Russland in den 50er Jahren. Wir fuhren an endlosen Feldern vorbei. Es gab keine Maschinen; die Landwirte pflügten den Boden von Hand. Wir sahen so gut wie keine Fahrzeuge und alles wirkte sehr, sehr ärmlich. Han verbot mir zu fotografieren, aber dazu war ich eh nicht in der Lage. Der Rest des Tages zog an mir vorbei. Mein Gehirn fühlte sich an, als hätte man es in einen dicken Flokati-Teppich gewickelt.

Irgendwann hielten wir in einem Dorf, um zu Mittag zu essen. Gratulation nachträglich an den Betreiber der Lokalität. Ich dachte, ich hätte hier in Nordkorea schon die denkbar schmutzigsten Tischdecken gesehen. Diese hier toppte alle anderen um Längen. Wenn ich hätte schätzen müssen, hätte ich vermutet, dass diese Tischdecke seit Jahren keine Wäsche mehr gesehen hat. Das war wirklich ekelhaft.

Zum Glück gab es dieses Mal eine Alternative zum üblichen Essensangebot. Ich entschied mich für eine Suppe. Bei Reis und Kohl hätte ich die Tischdecke noch schmutziger gemacht.

Wir fuhren weiter nach Kaesong, das in unmittelbarer Nähe zur südkoreanischen Grenze lag. Kaesong war die fünftgrößte nordkoreanische Stadt mit über 300.000 Einwohnern.

Man glaubt es kaum, aber auf einem Hügel nahe der Stadt gab es ebenfalls eine riesige Kim Il Sung-Statue. Da mussten wir natürlich unbedingt hin. Ganz wichtig: Ich wurde darauf hingewiesen, dass ich die Statue nur als Ganzes fotografieren dürfe ... Das Teil wurde übrigens nachts hell angestrahlt und besaß eine eigene Stromversorgung. In der Stadt hingegen fiel dauernd der Strom aus. Es passierte also regelmäßig, dass die Stadt stockdunkel war, das hässliche Bronzeteil oben auf dem Hügel aber taghell leuchtete.

Irgendwann am späten Nachmittag wollte ich gerne einen Kaffee trinken.

„Ja, können wir machen. Im Hotel", sagt Han.

„Nein, nicht im Hotel. Wir könnten doch hier in ein Café gehen", schlug ich vor.

Große Ratlosigkeit. Erst diskutierten die drei ganz angeregt. Dann stiegen wir in den Wagen und fuhren ziellos durch Kaesong, um ein Café oder Teehaus zu finden. Es gab aber keins. Irgendwo, in der Nähe einer Fabrik, organisierten die drei einen alten Plastiktisch und vier wackelige Stühle. Wir saßen also mitten auf dem Bürgersteig, tranken kalten Milchkaffee aus der Dose. Dabei beobachtete ich die Arbeiter, die nach Schichtende die Fabrik verließen. Han spielte Sudoko auf meinem Nintendo DS, den ich ins Land geschmuggelt hatte, und die beiden Herren langweilten sich. Hunderte Menschen liefen an unserem Tisch vorbei, aber es nahm niemand Notiz von uns. Es war so, als würden wir gar nicht existieren. Alle trugen die gleiche Arbeitsuniform, die ich auch sonst überall in den Städten sah. Es gab wenig Gespräche untereinander. Jeder blieb für sich. Viele fuhren Fahrrad, und wer etwas zu transportieren hatte, schob eine einfache, meist selbstgebaute Schubkarre vor sich her. Allerorts prangten riesenhafte Propagandaplakate, die die immer gleichen Parolen verbreiteten: „Zerstört die äußeren Feinde", „Die Armee kommt immer zuerst" und „Macht Korea schöner".

Kurze Zeit später stiegen wir im Kaesong Folklore-Hotel ab. Aufgrund meiner Erfahrungen aus früheren Reisen wusste ich, dass der Zusatz „Folklore" im Namen eines Hotels meist nichts Gutes verheißt. Han nannte es: „Traditional Style". Das war auch nicht wirklich ermunternd.

Es gab drei Zimmer, die um einen kleinen Innenhof lagen. Die Stromversorgung funktionierte nicht, es gab kein warmes Wasser und auch kein Bett. Auf dem Boden lag eine durchgelegene alte Matratze. Das wäre ja alles noch prima gewesen. Unglücklicherweise verlief direkt unter meinem Zimmer ein großes Heizungsrohr, das den Boden und somit meine Matratze unerträglich heiß werden ließ. Ich hatte eine sehr unruhige Nacht.

Am nächsten Morgen konnte ich das aber bei einer kalten Dusche im dunklen Badezimmer wieder ausgleichen.

Nach einem mäßigen Frühstück – es gab Toast, Käse, Formschinken und eine lauwarme, bräunliche Flüssigkeit in einer Kaffeetasse – ging es weiter zur demilitarisierten Zone, kurz DMZ. Diese liegt circa acht Kilometer südlich von Kaesong. Bei unserer Ankunft am Zugangstor mussten wir circa 30 Minuten warten, bis uns eine Militäreskorte abholte. Während wir warteten, näherten sich zwei Reisebusse mit chinesischen Touristen. Ich unterhielt mich ein wenig mit einer Universitätsangestellten aus Peking, die ganz nett war. Der Rest von denen war einfach lärmend und sehr unhöflich. Dass die mich dauernd fotografierten und mir dabei ihre Kamera circa 30 cm vors Gesicht hielten, so dass ich mich wie ein seltenes Tier fühlte, sei nur am Rande erwähnt.

Endlich kam unsere Militäreskorte und wir fuhren ein paar Kilometer weiter zu den berühmten Baracken in Panmunjeom, wo die Waffenstillstandsverhandlungen des Jahres 1953 stattgefunden hatten. Etwas weiter lag die Halle, in der der Waffenstillstandsvertrag zwischen Nord- und Südkorea nach ganzen 765 Konferenzen endlich im Beisein der Vertreter Nordkoreas, Südkoreas, Chinas und der UNO (vertreten durch die USA) am 27. Juli 1953 unterzeichnet worden war. Auffallend war, dass der nordkoreanische Tisch mit der Landesflagge einen sehr gepflegten Eindruck machte, während der Tisch der Gegner mit einer völlig vergammelten UNO Flagge aufwartete. Genau auf der Grenze zwischen Nord- und Südkorea standen sieben Baracken, von den ich eine sogar besichtigen durfte. Ja, ich war an diesem Tag somit auch in Südkorea! Ich schlenderte einfach auf die andere Seite und setzte mich dort auf einen Stuhl, immer unter den wachsamen Augen der nordkoreanischen Soldaten. Draußen, vor den Baracken, konnte man auf die südkoreanische Seite schauen, von wo aus wir von einigen Menschen mit Ferngläsern beobachtet wurden. Ich winkte ihnen, aber es kam keine Reaktion.

Hier auf der nordkoreanischen Seite trieben sich viele Offiziere herum, die den chinesischen Besuchern die Geschichte dieses Ortes näherbrachten. Grundsätzlich verhielten sich die nordkoreanischen Soldaten/Offiziere mir gegenüber stets sehr reserviert, aber nie unhöflich. Für mich übernahm Han die Rolle der Dozentin, die sie mit einem großen Zeigestock in der Hand nicht nur ernst nahm, sondern anscheinend auch genoss.

Weiter gab es hier nichts zu sehen, und so fuhren wir wieder nach Kaesong, um dort zu Mittag zu essen.

Ich war zu jenem Zeitpunkt so weit, viel Geld – sehr viel Geld – für eine ordentliche Pizza auszugeben. So langsam konnte ich Reis und Kohl, egal ob warm oder kalt, oder auch die ab und an servierte Eierstichsuppe nicht mehr sehen. Meine drei Aufpasser setzten mich wieder allein in einen riesigen und sehr unschönen Raum, in dem ohne weiteres 100 Personen und mehr Platz gehabt hätten. Es roch nach abgestandener Luft und saurer Milch. Ich schaute auf die völlig verdreckte Tischdecke, und spätestens, als mir eine Kellnerin wortlos Reis und Kohl servierte, verging mir nicht nur der Appetit, ich wollte auch nicht mehr allein in diesem Raum sein.

Ich spazierte also aus diesem – nun ja – Restaurant und lief ein wenig durch Kaesong. Es war ein wunderschöner, warmer und sonniger Tag. Die Luft roch nach Frühling und ich genoss es sehr, mich allein durch die Straßen zu bewegen. Damit löste ich allerdings einen riesigen Aufstand bei meinen Aufpassern aus. Ich saß auf einer Bank in einem kleinen Park, unweit der Lokalität, und konnte von weitem beobachten, wie die drei nach wenigen Minuten panisch auf die Straße liefen und sich taktisch aufteilten, um mich zu finden. Kim machte das Rennen, er fand mich zuerst. Gut, das war nicht schwer, da ich einfach weiter auf der Bank sitzen blieb. In seinem Gesicht konnte ich unschwer die Mischung aus Panik, Erleichterung und Wut erkennen. Kim musste sich beherrschen. Er fragte mich, warum ich meine Mahlzeit nicht gegessen hätte, ob es mir nicht schmecke, warum ich überhaupt so wenig esse, ich hätte ja eben nur etwas Reis zu mir genommen.

Da platzte mir der Kragen. Ich fragte ihn, ob es sein Job sei, zu kontrollieren, ob und wieviel ich esse. Außerdem erklärte ich ihm, dass ich wohl mehr Kalorien zu mir nehmen würde, wenn er mir mittags und abends nicht immer das Bier wegtrinken würde. Ja, mein Nervenkostüm war in diesem Moment ein wenig dünn, aber nach einer Woche Diät mit kaltem Kohl und Reis war meine Laune zugegebenermaßen auf dem absoluten Tiefpunkt. Dass ich hier in Nordkorea nicht allein herumlaufen durfte, verstand ich. Ich respektierte es auch eigentlich zu jedem Zeitpunkt, aber diese andauernde Isolation bei den Mahlzeiten, die ich überhaupt nicht verstand, und die langen Abende ohne Gesellschaft taten ihr Übriges.

Ich schreibe es so, wie es war: Kim war mächtig angepisst. Han auch, nachdem sie zu uns gestoßen war. Nur der Fahrer blinzelte mir verschwörerisch zu und schenkte mir in einem unbeobachteten Moment ein verständnisvolles Lächeln. Ich hätte ihn umarmen können.

Etwas außerhalb von Kaesong besichtigten wir noch das Mausoleum von Kongmin Wang, der im 14. Jahrhundert ein bedeutender König des Königreichs Goryeo gewesen war.

Das wäre jetzt nicht weiter erwähnenswert gewesen, wenn mir Han auf dem Gelände des Mausoleums nicht eine furchtbare Szene gemacht hätte. Sie war noch immer unglaublich sauer auf mich und unterstellte mir, dass ich nicht den notwendigen Enthusiasmus für Nordkorea und seine Errungenschaften aufbringe.

Doch, das würde ich tun, versicherte ich ihr. Nur lebe ich meine Freude und Begeisterung nicht so aus wie viele Nordkoreaner, die teilweise in Tränen ausbrachen, wenn sie sich vor einer dieser riesigen Metallstatuen der Kims einfanden. Ich begegnete allen Sehenswürdigkeiten mit dem notwendigen Respekt und freute mich mit allen Menschen, die sehr ergriffen von ihnen waren. Nach kurzer Zeit beruhigten wir uns beide und wir konnten die Rückreise nach Pjöngjang antreten.

Damit hatten wir gut 170 Kilometer vor der Brust. Unterwegs sahen wir genau zwei Militärfahrzeuge. Man hätte sich für ein Schläfchen mitten auf den Kaesong-Highway legen können. Die Wahrscheinlichkeit, überfahren zu werden, war gleich null.

Fun Fact am Rande zu dieser Straße: Sie ist auch als „Autobahn der Wiedervereinigung" bekannt und war, wenig überraschend, am 15. April 1992 fertiggestellt worden – pünktlich zum Geburtstag des großen Führers.

Han erzählte mir, dass man in Nordkorea prinzipiell Autos kaufen konnte. Das günstigste Modell kostete aber 8.000 Won und bei einem Durchschnittslohn von 150 Won blieb das wohl für immer ein unerreichbarer Traum.

Benzin musste importiert werden, und da Nordkorea wegen seiner permanenten Drohgebärden und Raketenschiessübungen in Richtung Südkorea und Japan mit Sanktionen überzogen wurde, war die Verfügbarkeit des flüssigen Goldes hier im Land bestenfalls suboptimal.

Auf halbem Weg hielten wir an einer Brücke an. Dort standen zwei Frauen und verkauften schwarzen Beuteltee in Plastikbechern. Ich frug, ob sie auch eine Kleinigkeit zu essen hätten. Vielleicht ein paar Kekse?

„Nein, nur Tee", meinte Han. Das war wohl die nordkoreanische Variante einer Autobahnraststätte.

Als wir Pjöngjang erreichten, fuhren wir unter dem Denkmal für die Wiedervereinigung hindurch. Es handelte sich um ein 30 Meter hohes Monument, das zwei steinerne Koreanerinnen darstellte, die eine Karte mit dem vereinigten Korea in die Höhe hielten. Das war schon sehr beeindruckend. Wir hielten an und ich durfte das Teil fotografieren.

Überhaupt schien sich in Nordkorea alles um die Wiedervereinigung mit Südkorea zu drehen – allerdings zu nordkoreanischen Bedingungen. Das hieß, Südkorea hatte sich Nordkorea unter nordkoreanischer Führung anzuschließen, was ein bestenfalls interessanter Gedanke war.

In Pjöngjang hielten wir an einem Souvenirladen – für genau zwei Minuten. Dann musste ich raus, sonst wäre ich blind geworden. Jede nur erdenkliche Geschmacklosigkeit, die man schnitzen, malen oder basteln konnte, war hier für unverschämtes Geld zu kaufen.

Tja, um 16.30 Uhr waren wir wieder im Hotel. Aufpasser Nummer 2, Kim, wünschte mir einen schönen Abend, eine gute Nacht, und am nächsten Morgen würden wir uns um 09.50 Uhr wiedersehen.

„Das ist jetzt nicht euer Ernst?", erwiderte ich. „Was soll ich denn jetzt mit dem Rest des Tages anfangen? Es gibt hier im Hotel nichts, aber auch wirklich gar nichts zu tun. Raus darf ich bekanntermaßen ja auch nicht und im Übrigen ist mir 09.50 Uhr morgen viel zu spät! Ich möchte eher los und etwas sehen."

Han versuchte es mit einer fadenscheinigen Ausrede: Ich könne mich ja ausruhen.

„Gut", sagte ich, „dann werde ich in einer Stunde durch Pjöngjang laufen. Und zwar allein."

Große Bestürzung! Ich drehte mich um, ging in den Aufzug und fuhr die circa 120 Meter hoch in mein Zimmer.

Die können mich mal, dachte ich so für mich. Ich war mir sicher, dass die sich die halbe Nacht volllaufen lassen würden, um dann am nächsten Morgen ausschlafen zu können. Auch Han nahm ich da nicht aus. Ich hatte aber nicht ernsthaft vor, allein durch Pjöngjang zu laufen. Das Hotel lag auf einer Insel im Fluss und ich hätte locker drei bis vier Kilometer gehen müssen, um ins Stadtzentrum zu gelangen. Und es gab dort auch nichts, was sehens- oder lohnenswert gewesen wäre. Auch gab es ganze Straßenzüge, die nachts stockdunkel blieben, und ich wollte auch nicht unbedingt von der Polizei, dem Militär oder gar dem Geheimdienst aufgegriffen werden.

Im Zimmer angekommen, packte ich erstmal aus und fuhr dann wieder runter, um zu schauen, ob es in einem der Restaurants unten im Keller nicht doch etwas Brauchbares zu essen gab. Wie erwartet: Fehlanzeige! Rechts neben dem Eingangsbereich gab es so etwas wie ein Teehaus oder Café. Ich trank dort einen Cappuccino, für den ich 3,50 Euro (natürlich Euro) abdrückte, und fuhr dann wieder in mein Zimmer, um den Rest des Tages dort zu verbringen. Kaum im Zimmer angekommen, rief mich Han an, um mir mitzuteilen, dass wir am nächsten Morgen doch eher losfahren würden. Nämlich „schon" um 08.50 Uhr. Immerhin!

Sie leistete mir noch Gesellschaft beim Abendessen – wohl, um sicherzugehen, dass ich nicht allein in die Stadt ging. Es gab Reis und Kohl und eine Flasche Bier, weil Kim nicht da war. Bevor Han sich verabschiedete, musste ich ihr noch versprechen, auf dem Zimmer zu bleiben.

Am nächsten Tag fuhren wir also um 08.50 Uhr los. Unser Ziel war eine staatliche (was sonst?) Stickerei in Pjöngjang. Anschließend besuchten wir noch eine gigantsche Kunstwerkstatt, wo ich die Maler und Künstler kennenlernen durfte, die in der Nationalgalerie ausstellten. Dann schlenderten wir ein wenig durch Pjöngjang. Wir hatten ja jetzt mehr Zeit.

Wir fuhren schließlich ein paar Stationen mit der U-Bahn, was sehr interessant war. Die U-Bahnstationen waren reichhaltig mit den obligatorischen Darstellungen der geliebten Führer geschmückt. Überall grinste mich mindestens eine der Visagen an. Jede Station glich einer riesigen Halle mit aufwändiger Beleuchtung, extrem viel Marmor und vielen, für Nordkorea typischen Wandbemalungen. Die Stationen lagen teilweise sehr tief unter der Erde, bis zu 110 Meter, und waren nach Themen und Ereignissen der nordkoreanischen Revolution benannt. Hier unten tummelten sich zahlreiche Menschen, was mich doch ein wenig erstaunte.

Weiter ging es für uns zur berühmten *USS Pueblo*. Die *USS Pueblo*, oder wie alle Nordkoreaner ausnahmslos sagten, die *USS Spyship Pueblo*, ist das einzige amerikanische Kriegsschiff, das sich im Besitz eines anderen Landes befindet.

Das Schiff war 1968 während der Hochzeit des Vietnamkrieges beim Ausspionieren in den Hoheitsgewässern Nordkoreas von der nordkoreanischen Marine aufgebracht worden. Dabei gab es eine kurze, aber heftige Schießerei, bei der ein amerikanischer Soldat ums Leben kam. Zunächst wurde das Schiff nach Wonsan gebracht, das an der Ostküste liegt.

Den 82 Besatzungsmitgliedern machte man den Prozess, benutzte sie ein Jahr lang als politisches Druckmittel und ließ sie zahllose Entschuldigungsschreiben verfassen, die

die nordkoreanische Regierung dann zu Propagandazwecken einsetzte.

Es wurden auch immer wieder Fotografien von den Gefangenen angefertigt, um vor der Welt zu dokumentieren, wie gut es ihnen in ihrer Gefangenschaft doch ging. Auf einigen der Fotos zeigen die amerikanischen Gefangenen versteckt den Mittelfinger. Als die Nordkoreaner hinter die wahre Bedeutung dieser Geste kamen, waren sie „not amused", um es vorsichtig auszudrücken. Das Zeigen des Mittelfingers als Beleidigung war wohl in Nordkorea zuvor völlig unbekannt gewesen. Diese Episode hatte jedenfalls schwere Sanktionen für die Gefangenen zur Folge.

Nach einem knappen Jahr wurden die Amerikaner dann über die „Brücke ohne Wiederkehr" in der DMZ wieder in die Freiheit entlassen. Die *USS Pueblo* verblieb aber in Nordkorea. Trotz wiederholter Versuche, das Schiff zurückzuerhalten, rückten es die Nordkoreaner nicht wieder heraus. Schlimmer noch, Nordkorea machte aus dem amerikanischen Kriegsschiff ein für die Öffentlichkeit zugängliches Museum! In einer spektakulären Aktion überführte Nordkorea im Jahr 1998 das Schiff getarnt um die ganze koreanische Halbinsel bis nach Pjöngjang, wo es bis 2012 auf dem nördlichen Teil des Taedong-Flusses als Museumsschiff sein Dasein fristete. Danach kam es in gleicher Funktion an eine andere Stelle in Pjöngjang.

Das war sehr spannend, daher hoffte ich, dass wir das Schiff besichtigen würden. Ich hatte schon einiges darüber gehört und gelesen, war aber bis kurz zuvor nicht sicher, ob ich es wirklich würde sehen können. Han hatte unseren Reiseplan bereits dreimal über den Haufen geworfen.

Endlich beim Schiff angekommen, ließ sie es sich nicht nehmen, immer wieder darauf hinzuweisen, dass die *USS*

41

Pueblo ein Spionageschiff sei. Ein riesiger Raum auf dem Schiff war tatsächlich vollgestopft mit allen möglichen elektronischen Geräten.

An einer Tür entdeckte ich Einschusslöcher von dem Feuergefecht, das sich die Besatzung mit den Nordkoreanern geliefert hatte. Auch die Uniform des Kapitäns, die sorgfältig zusammengelegt unter einer Glasvitrine lag, konnte ich bewundern.

Wieder war es ein sehr schöner Frühlingstag, die Luft roch warm und nach Blüten. Ich schlenderte ein wenig über das Deck des Schiffes und stellte mir vor, wie die Ereignisse damals abgelaufen sein mochten und wie sich die Männer gefühlt haben mussten, als ihnen klarwurde, dass sie ihr Schiff aufgeben mussten.

Wir fuhren zurück zum Hotel, damit ich mich auf den nächsten Ausflug vorbereiten konnte. Wir wollten weiter an die Ostküste nach Wonsan. Außerdem musste ich ja noch Reis und Kohl im hoteleigenen Restaurant essen, worauf ich mich schon den ganzen Morgen über gefreut hatte. Auf dem Rückweg ins Hotel fragte ich Han, ob ich ein paar Kleidungsstücke in die Hotelwäscherei geben könne.

„Ja klar, kein Problem", meinte sie.

Beim Auschecken gab ich also meine schmutzige Wäsche in dem dafür vorgesehenen Beutel an der Rezeption ab und fragte, was das koste. Es folgten 20 Minuten Telefonate mit der Hauswäscherei, Diskussionen mit Han, Kim und den Angestellten der Rezeption sowie mit einem Mann, der plötzlich wie aus dem Nichts auftauchte. Die Rezeptionisten und der Unbekannte belehrten mich in den folgenden fünf Minuten eingehend, dass ich das nächste

Mal doch bitte schön die Wäsche morgens im Hotelzimmer für das Hausmädchen liegen lassen solle.

Na klar, wenn ich das nächste Mal Urlaub in Nordkorea mache, werde ich das genauso handhaben!

Ich wollte hier niemanden verärgern, aber ich wollte meine Wäsche auch nicht einfach so im Zimmer liegenlassen, auschecken und dann zwei Tage fort sein. Allerdings hätte ich meine schmutzige Wäsche vermutlich auch aus meinem Zimmer im 38. Stock einfach in den Taedong-Fluss werfen können. Jeder hätte gewusst, wem die Klamotten zuzuordnen wären. Bis zum Schluss konnte mir jedenfalls niemand sagen, was die Reinigung denn nun kostete.

Wir fuhren in der Folge viereinhalb Stunden lang quer durch Nordkorea bis auf die andere Seite der koreanischen Halbinsel an die Ostküste nach Wonsan. Wonsan ist eine Hafenstadt und mit über 320.000 Einwohnern die sechstgrößte Stadt im Land.

Die Straße dorthin war in einem unglaublich schlechten Zustand. Es grenzte an ein kleines Wunder, dass es uns nicht die Stoßdämpfer unseres treuen, russischen UAZ Patriot-Jeeps durchhaute, oder wir in einem der gigantischen Schlaglöcher verschwanden.

Han und ich vertrieben uns die Zeit damit, uns gegenseitig Worte auf Deutsch und auf Koreanisch beizubringen. So lernte ich etwa, dass „Guten Tag" wie „Anjong schi miga" und „Danke" wie „Kamsa hamnida" ausgesprochen werden.

Im Laufe der nächsten Tage probierte ich das immer wieder bei allen möglichen und unmöglichen Gelegenheiten aus, sehr zur Freude von Han. Die Koreaner hingegen schauten mich immer völlig entgeistert an. Keiner erwiderte jemals irgendetwas. Wer weiß, was Han mir da beigebracht hatte ...

Wonsan war eine schäbige Küstenstadt am japanischen Meer mit trostlosen Plattenbauten, die ihre beste Zeit lange hinter sich hatte. Riesige Gebäude ragten in den Himmel, wie man sie auch in Pjöngjang sah, wo die Außenfassade zumeist zu großen Teilen abgebröckelt war. Zudem war es diesig, somit konnte ich die Silhouetten der umliegenden Berge nur erahnen. Die Stadt und ihre Umgebung erschienen mir freudlos und grau. Wir checkten in einem Hotel ein, welches der Qualität der restlichen Gebäude der Stadt in nichts nachstand.

Um 19.15 Uhr unternahmen wir einen längeren Spaziergang entlang der Uferpromenade. Es dämmerte und ich sah alte Männer, die ihre Angel aufstellten, um Fische zu fangen. Die paar Boote und Schiffe, die ich in Ufernähe entdeckte, hatten ihre besten Tage ebenfalls lange hinter sich. Teilweise in katastrophalem Zustand, fragte ich mich unwillkürlich, wie lange sie wohl noch über Wasser bleiben würden.

Danach besuchten wir ein Fischrestaurant, worüber ich mich ganz besonders freute. Es gab sechs verschiedene Fischgerichte, dazu Muscheln, Ente, Reis (egal!), das obligatorische Ei und für jeden einen gekochten Riesenkrebs, der ganz köstlich schmeckte. Ich genoss es sehr, keinen Kohl und nur ein wenig Reis zu essen, und der Fisch schmeckte wirklich super. Ich war glücklich.

Meine drei Begleiter vernichteten innerhalb einer Stunde eine ganze Flasche Schnaps. Ich blieb beim Bier, das mit seinen mageren 3,6 Prozent eher wie Limonade schmeckte.

Der Besuch dieses Restaurants stand übrigens nicht auf der Agenda. Normalerweise hätten die drei mich wieder in irgendeinen Raum irgendwo in der Stadt gesteckt und ich hätte meine übliche Ration Kohl und Reis bekommen.

Auf dem Weg nach Wonsan hatte ich aber vorsichtig angefragt, ob wir nicht mal zusammen in ein Restaurant gehen könnten, um Fisch zu essen, da wir doch in einer Küstenstadt seien. Han erwiderte überraschenderweise, dass das kein Problem sei, ich müsse nur alles bezahlen. Ich stimmte zu, denn mir war in diesem Moment alles recht, was nicht Kohl und Reis war.

Die drei ließen es folglich richtig krachen, was Vor- und Nachspeisen und insbesondere Alkohol anbelangte. Und ich war froh, abends mal Gesellschaft zu haben.

Zurück im Hotelzimmer, stellte ich zu meiner Überraschung fest, dass sich in meinem Bett keine Matratze befand. Ich lag auf einer blanken Holzplatte. Das Zimmer roch zudem ziemlich merkwürdig. Es war ein beinahe undefinierbarer Geruch, eine Mischung aus ungewaschenen Füßen, schmutziger Wäsche (meine war es nicht, die war ja in Pjöngjang geblieben) und billigem Raumspray. Ich wünschte mir plötzlich, ich hätte bei dem Gelage meiner drei Begleiter vorhin im Restaurant mitgemacht. Die lagen bestimmt schon im Koma und schliefen wie die Babys. Neben dem Bett auf dem Nachttisch stand ein graues, uraltes Telefon mit Wählscheibe auf einem fliederfarbenen Platzdeckchen. Nach einer unruhigen Nacht fühlte ich mich am nächsten Morgen wie gerädert.

Zum Frühstück im riesigen Aufenthaltsraum gab es überraschenderweise Toast, Käse, Formschinken und eine dunkelbraune, kalte Flüssigkeit, die das Attribut „Getränk" nur deshalb verdiente, weil sie – nun ja – flüssig war und mich nicht sofort umbrachte. Wir fuhren zu einer Art Universität, die sich auf verschiedene Bereiche der Landwirtschaft spezialisierte. Wir standen 90 Minuten im strömenden Regen und bitterer Kälte und lauschten einem der Universitätsmitarbeiter, der voller Stolz über die Errungenschaften der Einrichtung dozierte. Man war zum Beispiel nach langer Forschungsarbeit in der Lage, ein Kilogramm schwere Tomaten und zwölf Kilogramm schwere Wassermelonen zu züchten. Nur was brachte das, wenn ein Großteil der Bevölkerung hungerte? Ich sprach das nicht aus, sondern versuchte, enthusiastisch zu schauen und begeistert zu sein. Han und Kim beobachteten mich, während ich an unseren Fahrer dachte, der gerade allein im trockenen und warmen Auto saß. Ich beneidete ihn ein wenig.

Gerne hätte ich die Tomaten und Melonen gesehen, aber wahrscheinlich war das auch eines der großen nordkoreanischen Geheimnisse. Ich traute mich nicht, danach zu fragen. Ich wollte die Leute auch nicht in Verlegenheit bringen. Jedenfalls war ich froh, als ich, völlig durchnässt, wieder im trockenen Auto saß. Wir fuhren los und nach wenigen Metern kamen wir zu einem Kindererholungsheim. Han erzählte stolz, dass die Schulkinder hier ihre Ferien verbringen würden.

Das Hauptgebäude erinnerte mich stark an meine Grundschule. Beide Gebäude waren wahrscheinlich auch gleich alt. Unnötig zu erwähnen, dass auch hier wie überall die omnipräsenten Kims in Öl an den Wänden hingen. Ich habe mal gehört, dass bei einem Gebäudebrand zuerst die Gemälde gerettet werden müssen ... *Ich habe im letzten Moment Frau und Kinder gerettet, kam aber ins Arbeitslager, weil das Kim Il Sung-Gemälde verbrannte* ... Ja, das konnte ich mir durchaus vorstellen.

Weiter ging es zur Kooperative Chonsam, etwa zwölf Kilometer südlich von Wonsan. Das ist eine Art planwirtschaftliche Vorzeigekolchose.

Der Regen war mittlerweile noch stärker geworden und ich stand bis zu den Knöcheln im Matsch. Hier gab es keine befestigten Straßen. Außerdem war es saukalt. Wir schauten uns die Ställe und uralten russischen Traktoren an und durften noch einen kleinen Laden auf dem Gelände besuchen, der die hiesigen Erzeugnisse verkaufte. Ausnahmslos jeder, ob Mann oder Frau, jung oder alt, dem ich näher als zwei Meter kam, entzückte mich mit einer ausgeprägten Schnapsfahne. Ich vermutete, dass die Menschen hier alle Schnaps brannten. Auch die Zahnhygiene ließ bei den Nordkoreanern auf dem Land stark zu wünschen übrig. Es sah so aus, als wären die Menschen hier noch nie beim Zahnarzt gewesen. Dabei ging es ihnen hier auf dieser Kolchose sicher besser als vielen anderen Nordkoreanern.

Ich durfte die Wohnung einer jungen Familie besuchen. Auf dem Linoleumboden in einem der wenigen Zimmer lag die Großmutter und schlief. Eine behagliche Wohnlichkeit oder gar Persönlichkeit war in dieser Wohnung nicht zu erkennen. Die einzigen Bilder an den Wänden zeigten die beiden Kims. Ich fragte mich, wie die Menschen hier ihre freie Zeit verbrachten, wenn sie denn welche hatten.

Nach dem Mittagessen, fuhren wir weiter zum 47 Kilometer entfernten Sijung-See im Süden Wonsans. Hier übernachteten wir in einem Sanatorium, das für seine Schlammbäder „berühmt" war.

In Nordkorea schien die Zeit in den 50er Jahren stehengeblieben zu sein, so auch in meiner Unterkunft. Ich bekam ein kleines Zimmer, das gerade mal Platz für zwei schmale Einzelbetten, einen Kleiderschrank und einen kleinen Kühlschrank bot. Auf dem Kühlschrank stand ein alter Fernseher, und damit war das Zimmer bereits ziemlich vollgestellt. Es gab noch einen fleckigen Teppich mit Blumenmuster, der schon bessere Zeiten gesehen hatte. Meine Begleiter bezogen die Zimmer links und rechts von mir.

Das Sanatorium stand mitten im Nirgendwo. Es gab hier nichts außer dem Sanatorium und dem See. Wir befanden uns an der Ostküste Nordkoreas auf halbem Weg zwischen Wonsan und der südkoreanischen Grenze. Es regnete in Strömen und es war bitterkalt.

Nachdem ich mich ein wenig in meinem kargen Zimmer eingerichtet hatte, ging ich die zehn Meter vom Sanatorium bis zum See. Selbst dabei begleitete mich Han. Nachdem wir zehn Minuten schweigend auf den See gestarrt hatten, bewegten wir uns wieder zurück ins Sanatorium.

Ich bestellte mir einen Kaffee auf mein Zimmer. Den Preis von einem Euro, den das Zeug kostete, wollte ich in 100 Yuan bezahlen.

„Nein, bitte in Euro", gab mir die Kellnerin zu verstehen. Gut, also gab ich ihr einen 10-Euro-Schein.

Ob ich es nicht passend hätte?

„Nein", sagte ich mit wenig Bedauern. Die Kellnerin verschwand mit den zehn Euro und kam nach 15 Minuten zurück. Als Wechselgeld präsentierte sie mir 2 US-Dollar und ein Päckchen Kaugummi! Das lehnte ich ab. Also ging sie zu Kim ins Zimmer und beschwerte sich lautstark bei ihm, dass der Tourist nebenan kein passendes Kleingeld habe. Kim bezahlte meinen Kaffee und gab mir die zehn Euro zurück mit dem Hinweis, dass es hier grundsätzlich kein Wechselgeld gebe.

18.00 Uhr. Sämtliche anwesenden Aufpasser veranstalteten zwei Zimmer weiter eine Party. Die ließen sich Unmengen an Bier und Schnaps kommen. Es lief eine undefinierbare Art Musik aus einem alten Kassettenrekorder und die Feiernden waren alle laut und lärmig. Sie soffen wie die Löcher, auch die Fahrer. Mir war das eigentlich relativ egal.

Was mich allerdings ärgerte, war der Umstand, dass das Reiseprogramm bei meiner Ankunft komplett umgeschmissen worden war, während der Reise einige geplante Sehenswürdigkeiten aus mir nicht bekannten Gründen einfach ersatzlos aus dem Programm gestrichen wurden, man sich dann aber maßlos beleidigt zeigte, wenn ich nicht brennendes Interesse und Enthusiasmus für Kinderlandheime, Vorzeigekolchosen oder Vorträgen vor Gewächshäusern unter freiem Himmel in eisiger Kälte und strömendem Regen zeigte.

Han warf mir heute vor, dass ich nicht genug Interesse für Nordkorea zeige. Ich war bisher sehr zurückhaltend gewesen, hatte grundsätzlich keine Kritik geübt, alles super gefunden, was man mir präsentiert hatte. Aber ich musste hier nur einmal falsch gucken, schon waren alle verunsichert und es hagelte Vorwürfe. Sehr merkwürdig, alles.

19.57 Uhr. Beim Abendessen lernte ich einen Franzosen kennen, der früher für die UNESCO gearbeitet hatte. Wir unterhielten uns ein wenig. Er erzählte, dass er in den entlegensten Gegenden von Asien gewesen war. Das war sehr spannend. Einer seiner drei Bewacher war es auch, der die spontane Party zwei Zimmer weiter veranstaltete. Die hatten alle schon richtig vorgetankt und erschienen jetzt entsprechend stramm beim Abendessen. Kim konnte sich kaum mehr auf den Beinen halten, hatte aber zwei Flaschen Sake dabei. Die waren nach 20 Minuten bereits geleert. Die Flasche Bier, die ich eigentlich zum Abendessen bekam, hatte er in altbekannter Manier direkt vor der Küche abgefangen. Dabei war es ihm mittlerweile augenscheinlich völlig egal, ob ich das mitbekam oder nicht. Mir waren die alle zu betrunken und zu laut. Als ich mich sehr zeitig verabschiedete, begleitete mich Han noch bis zu meinem Zimmer. Wo sollte ich denn bitte schön hier noch hinlaufen oder mich gar mit Einheimischen treffen?

Am nächsten Morgen erwartete mich ein wunderschöner Frühlingstag. Die Luft war warm und roch nach Blütenstaub. Meine nassen Sachen vom Vortag waren wieder halbwegs getrocknet und so ging ich mit guter Laune frühstücken. Meine drei Begleiter saßen schon im Speisesaal und machten einen äußerst ungesunden Eindruck. Alle waren sehr blass, sehr müde und sichtlich abgekämpft. Ich wünschte ihnen einen guten Morgen und frug, wie die Nacht gewesen sei. Als Antwort bekam ich lediglich ein undefinierbares Brummen. Ich aß zwei Toastbrote und trank ein wenig von der hinlänglich bekannten lauwarmen, braunen Brühe, die die Nordkoreaner tatsächlich als Kaffee bezeichneten.

Ich war fröhlich und freute mich auf die Rückfahrt nach Pjöngjang und mein Bett in meinem Hotel. Wir packten also unsere Sachen, und da ich damit schneller fertig war als meine Begleiter, wartete ich schon mal allein am Auto. Han, Kim und der Fahrer waren noch immer hinüber vom Vorabend, so dass es ihnen egal war, dass ich gerade völlig allein neben dem Auto stand. Kurze Zeit später schleppten sich die drei mit dick verquollenen Augen auf ihre Plätze im Wagen. Nach einer Minute roch es im Innenraum wie in einer vollbesetzten Kneipe Samstag nachts um 23.00 Uhr. Ich öffnete ein Fenster; meinen Begleitern war das egal.

Wir hatten nun einen Rückweg von circa fünf Stunden bis nach Pjöngjang vor der Brust. Wir fuhren eine Zeit lang an einsamen und wunderschönen Küstenstreifen des Japanischen Meeres vorbei. Riesige Wellen brachen sich an den gelben Sandstränden. Später passierten wir raue, gebirgige Landschaften. Wir durchfuhren unzählige Tunnel. Der erste Tunnel direkt hinter Wonsan war mit vier Kilometer Länge auch gleichzeitig der längste. Hier befanden sich mindestens ein Dutzend Baustellen, alle unbeleuchtet und ungesichert. Unser Fahrer raste mit circa 90 Stundenkilometer in den Tunnel, natürlich ohne Licht. Sofort fuhr er Slalom, um den Baustellen, Arbeitern, überall herumliegenden Teilen, und – oh Wunder – dem einzigen Fahrzeug weit und breit, das uns ebenfalls unbeleuchtet entgegenraste, auszuweichen. Ich dachte schon, das wär's dann, aber wie durch ein Wunder überlebten wir die Tunnelfahrt unbeschadet. Mein Adrenalinpegel blieb auch die weitere Zeit recht hoch, da unser Fahrer es für eine gute Idee hielt, stets mit 80 bis 90 Stundenkilometer in die unbeleuchteten Tunnel hinein zu brettern. Ich hatte jedes Mal das Gefühl, wir würden in ein schwarzes Loch rasen. Han und Kim war es egal; sie schliefen und schnarchten in ihren Sitzen. Irgendwann schloss ich die Augen und tat es ihnen gleich.

Wir erreichten Pjöngjang unversehrt am frühen Nachmittag. Nach einer kurzen Mittagspause im Hotel – es gab ein Drei-Gänge-Menü mit Rinderfilet, Pommes, Eis und Espresso als Nachtisch ... nein, Quatsch, es gab Kohl und Reis, lauwarm – ging es weiter in die Stadt zur Universität der bildenden Künste. Hier schauten wir uns eine Puschkin-Oper an. Wir hatten prima Plätze in der zweiten Reihe und es war einfach großartig. Ich verstand zwar kein Wort, aber Han dolmetschte an wichtigen Stellen. Ich war sehr begeistert: Sagenhaft gute Darsteller und Sänger, ein tolles Orchester und eine liebevoll gestaltete Kulisse boten ein einmaliges Schauspiel.

Kim saß rechts von mir und verschlief die ganze Vorstellung. Der Fahrer wartete im Auto.

Die Nordkoreaner kannten übrigens keine westliche Popmusik. Michael Jackson, Beatles, Robbie Williams, U2, AC/DC, Metallica etc. waren ihnen völlig unbekannt. Sie hörten nur koreanische Volksmusik und Klassik. Die Musik triefte vor Pathos und war stark an die traurigen und sehr emotionalen russischen Volksweisen angelehnt. Ab und an konnte ich mir das durchaus anhören, aber auf Dauer hätte ich das nur mit Antidepressiva ertragen.

Dies war unser letzter gemeinsamer Abend. Auf dem Rückweg fuhren wir an dutzenden Wohnblöcken vorbei. Von weitem sahen sie ganz ordentlich aus, aber aus der Nähe konnte ich deutlich erkennen, in welch desolatem Zustand sie sich befanden. Ich sah diese riesigen Betonplatten, von denen der Putz schon vor langer Zeit abgebröckelt war. Ich konnte mir ungefähr vorstellen, wie die Wohnungen von innen aussahen. Han erzählte stolz, dass eine 100-Quadratmeter-Wohnung in einem dieser Wohnkomplexe umgerechnet circa acht Euro im Monat kostete. Die meisten Wohnungen hier in der Hauptstadt wurden durch die Fernwärmekraftwerke am Rande der Stadt versorgt – dies aber sehr unzuverlässig. Die Winter hier waren hart und kalt.

Einige der Wohnungen besaßen offensichtlich keine Fenster. Im schlimmsten Fall konnten schon diese acht Euro Miete deutlich zu viel sein. Die Kombination aus mangelnder Heizung, permanenten Stromausfällen, dünnen Wänden, hellhörigen Räumen und tausenden Mitbewohnern ließen jedenfalls einen äußerst begrenzten Wohnkomfort erahnen.

Zum Abschluss der Reise besuchten wir ein Restaurant, das sich auf Ente spezialisiert hatte. Auf dem Weg dorthin hatten Han und ich einen ziemlich witzigen Wortwechsel:

„Tonight we will have a duck barbecue in Pjöngjang."

„Dog? Forget about it. I won't eat dog."

„No, duck, not dog."

„You mean the barking animals? No way."

„No, i mean the flying ones."

„Dogs can fly? Never heard that before."[1]

Han war ziemlich genervt, bis ihr auffiel, dass ich sie aufzog. Sie lächelte mich dann an.

Kim folgte unserem Dialog völlig verständnislos.

Das Restaurant versprühte die gleiche Atmosphäre wie eine Bahnhofshalle im Ruhrgebiet, aber es war erstaunlich gut besucht.

---

[1] „Heute Nacht werden wir gegrillte Ente in Pjöngjang essen."
„Hund? Vergiss es! Ich werde keinen Hund essen."
„Nein! Ente, nicht Hund."
„Du meinst die Bellenden Tiere? Keine Chance!"
„Nein, ich meine die, die fliegen können."
„Hunde können fliegen? Das habe ich ja noch nie gehört."

In der Mitte unseres Tisches stand eine Art heiße Platte, auf die man die Fleischstückchen legte und ein paar Minuten wartete, bis sie gar waren. Dazu gab es leckere Saucen. Wir verbrachten zusammen einen wirklich schönen Abend. Das Essen war sehr lecker. Es schmeckte zwar nicht nach Ente, aber Hund war es, glaube ich, auch nicht. Später fuhren wir zurück zum Hotel und ich bezahlte an der Rezeption meine Telefonrechnung. Ich hatte in all den Tagen hier vier kurze Gespräche nach Deutschland geführt. Kosten: 176,30 Euro. Das musste ich bar und in Euro zahlen, da die internationalen Banken Nordkorea die Konten eingefroren hatten und man somit nicht mit Kreditkarte zahlen konnte. Die Summe beinhaltete aber immerhin die Reinigung meiner schmutzigen Wäsche, wie ich dann erfuhr.

Am nächsten Morgen brachten mich die drei zum Flughafen. Wir verabschiedeten uns herzlich und kurze Zeit später saß ich bereits in der betagten Tupolev von Air Koryo. Während die Maschine noch stand, machte ich heimlich ein paar Bilder von den umstehenden Flugzeugen. Die nordkoreanische Stewardess sah das und giftete mich lautstark an, dass ich das zu unterlassen habe.

Ich hatte einen ruhigen Flug zurück nach Peking, wo ich nach knapp zwei Stunden landete. In meinem Hotel direkt neben dem Olympiastadion angekommen, machte ich mich sofort auf den Weg zum nächsten Pizza Hut, um mir eine große Pizza plus Cola zu gönnen.

Wie also war Nordkorea? Wie habe ich das Land empfunden? Es war sicherlich das außergewöhnlichste Land, das ich jemals bereist habe. Diese totale Einschränkung der Bewegungsfreiheit, die ich nicht gewohnt bin, ging mir mitunter gehörig auf die Nerven. Ich bin es gewohnt, auf eigene Faust durch die Städte und Landschaften zu ziehen und mich einfach treiben zu lassen. Obwohl ich recht genau wusste, was auf mich zukam, war ich doch über viele Situationen sehr überrascht beziehungsweise hatte ich nicht damit gerechnet, dass sie mir Probleme bereiten würden. Somit habe ich auch einiges über mich selbst gelernt.

Ich hielt mich vor Ort stets zurück, meine Meinung kundzutun. Egal, wie schrecklich ich etwas fand, es war immer „super", „amazing", „impressive" oder „wonderful". Stand ich aber beispielsweise vor einem Monument und war unkonzentriert oder gedankenverloren, statt sofort die fantastischen Errungenschaften des großen Führers zu loben, wurde ich umgehend kritisiert. Recht häufig unterstellte mir Han, ich würde mich nicht genug für das Land interessieren, was überhaupt nicht stimmte. Ich fand es auf eine eigentümliche Art unglaublich faszinierend. Aber ich bin ein schlechter Schauspieler, das weiß ich. Han und Kim beobachteten mich stets sehr genau und konnten sehr schnell einschätzen, ob meine Reaktion echt oder nur gespielt war. Viele Nordkoreaner, Männer wie Frauen, standen vor diesen riesigen 20 Meter hohen Bronzestatuen und brachen in Tränen aus. Das wirkte so überzeugend, dass ich immer und ausnahmslos dachte, dass die Tränen dieser Ergriffenheit echt sein mussten. Ich hingegen begutachtete diese Dinger und meinte, gleich blind zu werden, wenn ich weiter auf die leuchtende Legierung blicken würde.

Ich erlebte einen unglaublichen, mit nichts zu vergleichenden Personenkult um den verstorbenen großen Führer Kim Il Sung. Überall, wirklich überall, sah ich gigantische Statuen, Ölgemälde, Fotos und so weiter. Kim Il Sung war wirklich omnipräsent und wird, auf staatliche Anordnung, abgöttisch verehrt und geliebt. Als er 1994 gestorben war, war eine dreijährige (!) Trauerfeier angeordnet worden. Dieser gottgleiche Status übertrifft bei weitem den Kult in China um Mao oder in Vietnam um Ho Chi Minh und darf auf keinen Fall auch nur im Entferntesten angezweifelt oder gar kritisiert werden.

Andererseits hatte ich die einzigartige Gelegenheit, ein Land mit einer Staatsform kennenzulernen, die absolut einzigartig ist und vielleicht auch nicht mehr lange Bestand haben wird. Die äußerst fragile politische und wirtschaftliche Lage des Landes deutet auf eine sehr ungewisse Zukunft hin.

Die Nordkoreaner, zu denen ich Kontakt aufnehmen konnte, beispielweise im Hotel oder in den Kolchosen, Universitäten und Museen, waren extrem höflich und zuvorkommend. Auch meine drei Begleiter waren stets bemüht, mir den Aufenthalt unter den gegebenen Umständen so angenehm wie möglich zu gestalten. Es wurde großer Wert darauf gelegt, dass ich mich wohlfühlte, was die überwiegende Zeit auch funktionierte, wenn man mal von den Mahlzeiten absieht.

Einheimische auf der Straße machten einen großen Bogen um mich, fast so, als wäre ich ein Aussätziger. Ich wurde eigentlich immer ignoriert.

In Pjöngjang sah ich keine Bettler oder behinderte Menschen. Es hieß, dass Behinderte dort angesiedelt würden, wo Ausländer normalerweise nicht hinkamen.

Ich verspürte durchaus Respekt für die Leistung, dieses Land nach dem Koreakrieg mit Hilfe Russlands und Chinas wieder aufgebaut zu haben. Dennoch ist Nordkorea gefühlt in den 50er Jahren steckengeblieben. Zudem ist die

Art, wie hier mit Menschen umgegangen wird, absolut abscheulich. Die Berichte, die ich aus den Arbeitslagern hörte und las, lassen auf unbeschreiblich grausame und menschenverachtende Zustände schließen.

Nordkorea ist bitterarm und das sieht man, da helfen auch die Fassaden und Kulissen nichts.

Ich sah auf meiner Reise nichts, das einem Supermarkt geähnelt hätte, dabei habe ich mehrere Großstädte besucht. Die Feldarbeiten, die ich beobachten konnte, wurden grundsätzlich von Hand oder maximal mit einem Pflug durchgeführt. Ich sah nirgends landwirtschaftliche Maschinen oder Hilfsmittel.

Nahezu das einzige Fortbewegungsmittel waren die eigenen Beine. Alles musste erlaufen werden. In Pjöngjang gab es zwar Straßenbahnen und Oberleitungsbusse, die aber alle in einem fürchterlichen Zustand waren. Die staatliche Fluggesellschaft bestand aus einem einzigen funktionierenden Flugzeug, nämlich jener Tupolev, mit der ich ins Land hinein- und später wieder hinausflog. Der Rest der Flotte stand im katastrophalen Zustand auf dem Flughafengelände herum und durfte selbstverständlich nicht fotografiert werden. Ich tat es wie gesagt dennoch und holte mir dafür einen ordentlichen Rüffel ab.

Es gab viele Situationen und Orte, wo ich gerne fotografiert hätte, aber stets wurde ich ermahnt, dass man genau hier „um Himmels Willen nicht" und „unter gar keinen Umständen" fotografieren dürfe.

Es gab breite Autobahnen, die aus riesigen Betonplatten bestanden, aber ich sah auf meiner Reise so gut wie keine Autos. Es gab gigantische Plattenbausiedlungen mit 40-stöckigen Hochhäusern, die bei näherem Hinsehen unverputzt, windschief, baufällig und oft fensterlos waren.

Die Fensterrahmen bestanden stets aus Holz und waren im Regelfall völlig marode.

Männer und Frauen trugen allerorts die gleiche Kleidung und oft überkam mich der Eindruck, dass es sich dabei um die einzigen Klamotten handelte, die die Leute besaßen. Meine beiden männlichen Begleiter zum Beispiel hatten zehn Tage lang den gleichen Anzug und das gleiche Hemd an.

Kulturell empfand ich Nordkorea auf einem hohen Niveau. Das Land besaß eine sehr alte und trotz aller Widrigkeiten sehr gewachsene Kultur; das durfte ich oft und immer wieder feststellen.

Dass Nordkorea überhaupt keinen westlichen Einflüssen ausgesetzt war, ließ es auf den ersten Blick sehr skurril erscheinen, machte aber einen nicht unerheblichen Reiz meiner Reise aus.

Bereue ich es, nach Nordkorea gereist zu sein? Nein, auf keinen Fall. Es war eine unglaubliche Erfahrung für mich, die ich nicht mehr missen möchte.

Würde ich nochmal hinfahren? Nein. Es langt, es einmal gesehen zu haben.

Aber oft denke ich an Nordkorea und die Menschen zurück. Was meine drei Begleiter wohl machen? Ich nehme große Anteilnahme, wenn ich in den Nachrichten etwas über Nordkorea lese oder höre. Meistens sind Nachrichten über Nordkorea ja nicht positiv konnotiert; im Mittelpunkt steht vor allem eine drohende militärische Auseinandersetzung. Ich hoffe bei solchen Meldungen jedes Mal, dass es in nicht allzu ferner Zeit eine bessere Zukunft für die Menschen Nordkoreas geben wird.

Tibet und China

Seit meiner Jugend war es immer mein Traum gewesen, einmal nach Tibet zu fahren. Diese geheimnisvolle und sagenumwobene Region gehörte zu meinen absoluten Traumzielen.

Jetzt war es also so weit; ich war mal wieder Single, meine Exfreundin hätte ich niemals im Leben zu dieser Reise bringen können und somit war das Timing perfekt.

Naja, es war nicht ganz perfekt, da meine Reise genau auf den 50. Jahrestag des Tibetaufstands fiel, und zudem exakt ein Jahr zuvor die tibetischen Unruhen stattgefunden hatten.

Wer die chinesischen Behörden kennt, weiß, dass die sich auf so etwas gut vorbereiten, wie ich später noch erfahren sollte.

Dennoch bekam ich mein Visum für China/Tibet. Ich wollte nach Chengdu fliegen und von dort aus mit dem Chengdu-Lhasa-Zug nach Tibet fahren. Ich plante, vor Ort unter anderem mit einem Guide durch Tibet bis zum Basiscamp des Mount Everest zu reisen. Ohne Guide hätte ich diese Tour nicht machen können. Ich muss meine Reisen leider immer sehr gut durchplanen, da ich durch meinen Job bedingt nie mehr als drei Wochen Urlaub am Stück nehmen kann.

So verstieß ich gelegentlich gegen meinen Grundsatz, Reisen immer auf eigene Faust zu unternehmen. Anderseits gab es auch Reisen, die man ohne Guide unmöglich machen konnte. Nordkorea beispielsweise, oder auch Bhutan mit dem Mountainbike. Hier in Tibet entschied ich mich eher aus Zeitgründen für einen Guide. Ich wollte möglichst viel vom Land sehen, und hätte ich alles immer vor Ort planen müssen, wäre ich wohl deutlich länger unterwegs gewesen oder hätte weit weniger gesehen und erlebt.

Die Idee, im Februar, also mitten im Winter, nach Tibet zu fahren, hielt ich vor meiner Abreise für sehr charmant. Uncharmant war allerdings die Kälte, die mir später insbesondere in großen Höhen massiv zu schaffen machte.

Ich flog zunächst nach Peking und dann direkt weiter nach Chengdu. Die Stadt ist, soweit ich das überblicke, in Europa weitgehend unbekannt. Wenn man sich die Landkarte von China anschaut, findet man Chengdu ziemlich genau in der Mitte des Landes. Erkläre ich Daheim, dass Chengdu circa 14 Millionen Einwohner zählt, ist die Überraschung jedes Mal groß. Ein wenig bekannt ist die Stadt eigentlich nur dadurch, dass sie gemeinhin als die Hauptstadt der völlig langweiligen Pandabären bezeichnet wird.

Bei meiner Ankunft wurde ich von einem sehr netten Chinesen, Ming, am Flughafen abgeholt. Wir fuhren mit einem alten, klapprigen Auto in die Innenstadt von Chengdu und ich gewann schon mal einen ersten Eindruck von der chinesischen Metropole.

Kaum in Zentrumsnähe, wurden wir in einen Unfall verwickelt. Der Wagen hinter uns knallte mit mittlerer Geschwindigkeit in unser Heck und riss die Stoßstange von Mings altem Auto ab. Wir hielten an, stiegen aus und begutachteten den Schaden. Ming zuckte nur mit den Schultern.

„Nicht schlimm", meinte er. Wir sammelten die Stoßstange ein, warfen sie auf die Rückbank und weiter ging es zum sogenannten People's Park. Hier konnte ich auf mich gestellt für zwei Stunden durch den Park und die nähere Umgebung streifen. Meinen Rucksack ließ ich im Auto auf Mings Hinweis hin, dass der Wagen hier sicher sei. Ming verschwand, nachdem wir uns für 17.30 Uhr Ortszeit wieder am Auto verabredet hatten.

Der People's Park war eine wunderschöne Anlage mit großen Rasenflächen, einem Bonsaibaumpark, akkurat angelegten Gärten und vielen Teehäusern und kleinen Imbissständen. Auffällig war, dass der Park sehr sauber war. Weder entdeckte ich Müll auf dem Boden noch Graffitis an den Wänden.

Auf nahezu jeder freien Fläche beobachtete ich Massen von älteren Damen und Herren, die in Gruppen von zehn bis 200 Menschen sangen, tanzten oder Sport trieben. Ich fand's super, wurde doch so verhindert, dass die Älteren allein und isoliert in ihrer Wohnung hockten. Der sehr ausgeprägte Kollektivgedanke, der mir in China begegnete, ist für Europäer schwer nachzuvollziehen.

In den Teehäusern saßen ebenfalls Dutzende Menschen und spielten Mahjong. Ich streifte also zwei Stunden lang durch den Park, beobachtete die Menschen, trank Tee und lauschte einem Trompeter, der ein wenig europäischen Jazz spielte, während ein etwa vierjähriger Junge versuchte, zu den ungewohnten Klängen zu tanzen.

Pünktlich um 17.30 Uhr fuhr mich Ming zum Bahnhof in Chengdu. Das war der mit Anstand größte Bahnhof, den ich jemals gesehen habe. Tausende Menschen strömten hinein beziehungsweise aus den Zügen heraus. Es herrschte eine Aufbruchstimmung wie bei einer Flucht. Die meisten Menschen trugen ihre Habseligkeiten in großen Plastiktüten oder Stoffbeuteln mit sich. Wenn die alle nach Lhasa wollten ... war ich zumindest nicht allein.

Wir kämpften uns durch die Massen, bis wir den VIP-Bereich des Bahnhofs erreichten. Ming sorgte dafür, dass ich hier die Wartezeit bis zur Abfahrt um 20.30 Uhr verbringen durfte. Netter Kerl, dieser Ming. Er sprach gut Englisch und wir unterhielten uns über Tibet, China und was uns sonst noch so einfiel.

Um kurz vor 20.00 Uhr bestieg ich einen endlos langen Zug. Das hintere Ende war von meinem Waggon, der sich ganz in der Nähe der Lok befand, nicht zu sehen. In seiner dunkelgrünen Erscheinung mit zwei leuchtend gelben Streifen jeweils unter und über den Fenstern wirkte der Zug auf mich reichlich altmodisch, fast wie ein Relikt aus den 50er Jahren. Tatsächlich waren die Waggons relativ modern.

Zunächst versuchte ich, mein Abteil zu finden. Mein Zuhause für die nächsten zwei Tage entpuppte sich als ein äußerst enges Sechs-Betten-Abteil, das ich mir mit einer fünfköpfigen chinesischen Familie teilte. Das superenge Abteil war circa zwei Meter breit und 1,6 Meter lang. Auf beiden Seiten befanden sich je drei Betten übereinander. Meines war das oberste auf der rechten Seite. Rasch überkam mich das Gefühl, der einzige Europäer im gesamten Zug zu sein.

Übrigens musste ich auch meinen Rucksack auf meinem sehr schmalen und kurzen Bett unterbringen. Ich legte ihn ans Fußende. Es wäre wohl besser gewesen, hätte ich vor Reiseantritt einen Akrobatikkurs belegt. Es war brutal schwer, ins enge Minibett zu klettern beziehungsweise es wieder zu verlassen. Bei meinem ersten Versuch zerrte ich mir direkt einen Bauchmuskel, sehr zur Freude meiner fünf temporären Mitbewohner, die sich lautstark darüber amüsierten, was die weiße Langnase auf engstem Raum für lustige Geräusche und Verrenkungen veranstaltete.

Die fünf Chinesen sprachen kein Wort Englisch, machten aber einen sehr freundlichen Eindruck. So wie ich das interpretierte, handelte es sich um einen circa fünfundvierzigjährigen Familienvater und seine vier Kinder, drei Jungs und ein Mädchen im geschätzten Alter zwischen 16 und 22 Jahren.

Das mitgebrachte Essen für die rund 45-stündige Reise wurde in kleinen Transportnetzen verstaut, die über jedem Bett hingen. Mein Bett befand sich so hoch unter der Decke, dass ich mich nicht aufrecht hinsetzen konnte. Wollte ich aus dem Bett steigen, musste ich mich an die Kante rollen, ein Bein auf eines der gegenüberliegenden Betten stellen, was einem ansehnlichen Spagat ähnelte, und dann vorsichtig hinabklettern, ohne einem meiner Mitreisenden ins Gesicht zu treten. Die gingen im Laufe der Zugreise schon immer in Deckung, wenn ich das Abteil betrat oder aus dem Bett stieg.

Wenn wir nicht schliefen, gesellte sich ein weiterer Mann zu uns ins Abteil, der wahrscheinlich der Bruder des Vaters war. Meist saßen sie zu fünft auf den unteren zwei Betten, während das etwa sechzehnjährige Mädchen auf dem Bett unter mir lag. Oft genug waren wir also zu siebt in dem kleinen Räumchen, das ungefähr drei Quadratmeter maß. Zwischen 22.00 und 23.00 Uhr begann dann die allgemeine Schlafenszeit.

Der Zug war voll; in Europa hätten wir gesagt, er war völlig überfüllt. Hier sah man das nicht so eng. Die Waggons waren vollgestopft mit Menschen. Jeder war im Besitz eines Handys und die MP3-Funktion über Lautsprecher erwies sich für mich als Megaalptraum. Aus den

Gängen und Abteilen schallte eine Kakophonie chinesischer Volksmusik. Überhaupt war ich gespannt, wie unser Abteil wohl nach 45 Stunden riechen würde.

Etwas weiter den Gang hinunter gab es mitten im Gang ein Waschbecken direkt neben der Toilettenkabine. Aus meinem Abteil war ich der Einzige, der sich die Zähne putzte und ein wenig frisch für die Nacht machte. Während ich das tat, liefen circa ein Dutzend Chinesen und Tibeter an mir vorbei, blieben stehen und schauten, was der komische Europäer da so anstellte. Zahn- und Körperhygiene waren für die Menschen, die mich völlig ungeniert und neugierig aus nächster Nähe begafften, wohl ein Kuriosum.

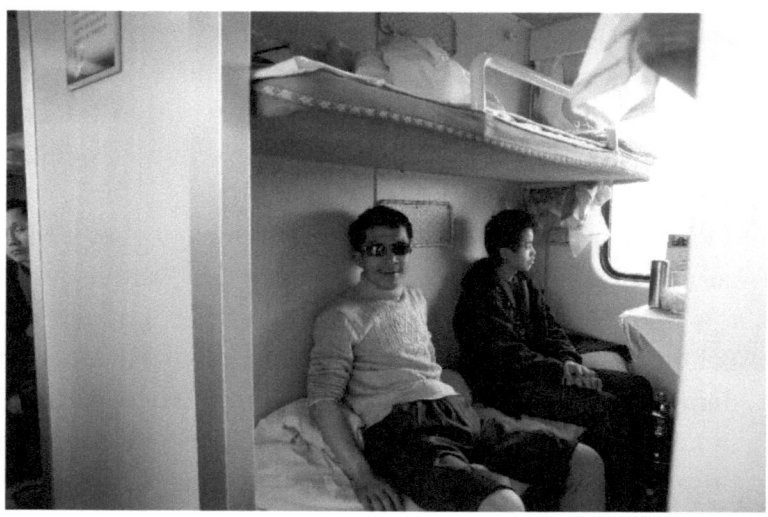

In der Nacht schlief ich wider Erwarten zunächst ganz gut. Ab 02.00 Uhr lag ich allerdings für zwei Stunden wach. Der Vater schnarchte ununterbrochen in grausiger Lautstärke. Um 07.30 Uhr war die Nacht zu Ende. Alle wachten nach und nach auf und es kam Dynamik in unser kleines Abteil, das durch die vielen Menschen unerträglich warm war. Da wir uns im Westen Chinas befanden, die Ortszeit sich aber an Peking orientierte, das etwas mehr als 2.500 Kilometer entfernt lag, war es draußen noch stockdunkel.

Ich stieg aus meinem Bett, was mir nun etwas eleganter und zudem unfallfrei gelang, aber immer noch so aussah, als würde man einen Schäferhund aus einer Katzenbox befreien. Ich schlenderte die paar Meter zum Waschbecken. Vor der Toilette befand sich eine lange Schlange.

Das Waschbecken war verwaist. Ich wusch mich und putzte mir die Zähne, wieder sehr zur Freude meiner zahlreichen Mitreisenden, die mit dem Finger auf mich zeigten und beim Grinsen ihre dentalen Müllkippen preisgaben.

Als ich dann endlich auf die Toilette konnte, überfiel mich das dringende Bedürfnis, mich nochmal sehr gründlich zu waschen. Die kleine Kabine war von oben bis unten zugeschissen und vollgepisst. Anders kann ich das beim besten Willen nicht ausdrücken.

Respekt an meine Mitreisenden! Dass die das Klo in so kurzer Zeit in Einzelaktionen – abgesprochen hatten sie sich wohl eher nicht – dergestalt hinterlassen konnten, war schon eine Leistung. Gestern Abend sah die kleine Toilette noch ganz passabel aus. Jetzt, am frühen Morgen, befanden sich die Hinterlassenschaften meiner sanitären Vorbesucher überall in der Kabine – nur nicht dort, wo sie hingehörten.

Im Anschluss versuchte ich etwas Essbares und Getränke für den Tag aufzutreiben. Ich traf eine Schaffnerin, die verstand, dass ich ins Bordrestaurant wollte. Sie musste mir die Tür zu den sogenannten *normalen Abteilen* aufschließen. Die Menschen dort fläzten sich auf den Sitzen und Gängen und es gab kein Durchkommen. Es sah schlimm aus. Alles war furchtbar zugemüllt. Verpackungen und Essensreste lagen zwischen den überwiegend jungen Männern auf dem Boden verstreut.

Ich stieg über die Reisenden, soweit mir das möglich war, und wo es nicht ging, mussten sie eben aufstehen und sich aneinander quetschten, um mich durchzulassen. Aber alle machten bereitwillig Platz. Als Chinese war man es wohl eher gewohnt, mit extrem vielen Mitmenschen auf engstem Raum klarzukommen.

Nach drei Waggons gab ich völlig entnervt auf und kämpfte mich zurück in mein Abteil.

Gott sein Dank hielt der Zug kurze Zeit später in Lanzhou an und ich konnte mir am Bahnhof zwei Flaschen Wasser und eine Flasche Bier kaufen. Das kostete mich umgerechnet einen Euro.

Vom Bahnhof in Lanzhou aus konnte ich ein Dutzend circa 25-stöckige Hochhäuser in einer Entfernung von etwa 500 Meter ausmachen. Ansonsten gab es hier nichts zu sehen. Trotz der vielen Menschen fühlte ich mich allein.

Vor den Schlafabteilen fand ich in den ohnehin schon schmalen Gängen kleine Tische und klappbare Sitzgelegenheiten, die in meinem Waggon allerdings samt und sonders besetzt waren. Ich konnte mich nur seitwärts durch die Gänge bewegen, und mich überkam ein unbestimmtes Gefühl von Beklemmung und Klaustrophobie.

Schließlich gesellte ich mich wieder zu meinen chinesischen Mitbewohnern und setzte mich zu ihnen auf eines der unteren Betten. Jetzt waren wir also wieder zu siebt in dem winzigen Abteil. Wir versuchten, ein wenig Konversation zu betreiben. Keiner von uns verstand auch nur ein Wort, aber immerhin waren sie entspannt und freundlich. In dem hektischen Chaos des völlig überfüllten Zuges war das nicht selbstverständlich. Zu der nervtötenden Geräuschkulisse der unzähligen Handys gesellte sich nun chinesische Volksmusik aus den reichlich vorhandenen bordeigenen Lautsprechern des Zugs. Die Lautstärke wurde, wie so oft in China, voll aufgedreht, so dass der Lärm nicht nur unerträglich und nervenzehrend, sondern die Musik auch noch derart verzerrt erklang, dass meine Grenze der Überreizung schnell erreicht war. Ich konnte dieser Hölle für die Ohren nun aber nicht entfliehen. Ich hätte schon aus dem Zug springen müssen, was aber auch nicht möglich war, da sich die Fenster grundsätzlich nicht öffnen ließen.

Draußen war es sehr diesig und trüb und die Landschaft hier zwischen Lanzhou und Xining war karg und trostlos. Es sah so aus, als würden in dieser Region massiv Bodenschätze abgebaut. Ab und an sah ich riesige Fabriken und Lastkraftwagen, die sich durch die unwirtliche Landschaft quälten. Mich überkam das Gefühl, auf einem fremden Planeten zu sein.

Die Schaffnerin unseres Waggons kam und drückte mir einen Zettel in chinesischer Sprache in die Hand, den ich wohl ausfüllen sollte. Ich hatte überhaupt keine Ahnung, was dort geschrieben stand, kritzelte aber einfach irgendetwas in die freien Zeilen und gab das Teil wieder ab. Niemand beschwerte sich.

Ich versuchte, ein weiteres Mal endlich ins Zugrestaurant vorzudringen. Jetzt wollte ich es wissen. Ich arbeitete mich durch sieben völlig überfüllte Waggons. Jede erdenkliche Stelle in dem Zug war vollgestopft mit Menschen, Gepäck und Müll. Es roch nach Essen, Ausdünstungen aller Art und verbrauchter Luft. Alle Reisenden hier in den einfachen Waggons wirkten mittlerweile völlig apathisch und mussten vielfach von mir geweckt werden, damit ich meinen Weg fortsetzen konnte. Jeder ertrug die Störung meinerseits mit stoischer Gelassenheit. Niemand wirkte verärgert, weil ich ihn aus dem Schlaf oder der Apathie gerissen hatte. Aber es war anstrengend und sehr nervenaufreibend, rund 20-mal pro Waggon wildfremde Menschen um Platz zu bitten und zu warten, bis sich alles sortiert hatte, damit ich weitergehen konnte. Teilweise musste ich über die Bänke klettern, weil es auf den Gängen partout nicht mehr weiterging.

Nach einer gefühlten Ewigkeit kam ich endlich im Bordrestaurant an, das erstaunlich leer war. Ich konnte mir einen Platz am Fenster aussuchen. Es gab eine Speisekarte in englischer Sprache. Ich freute mich. Das Essen – ich bestellte Hühnchen mit Erdnüssen und Reis – war richtig gut. Ich gönnte mir noch ein schales, labbriges Leichtbier dazu und genoss es, die Landschaft in Ruhe an mir vorbeiziehen zu sehen. Hier lief, sehr zu meiner Freude, keine Musik. Es war verhältnismäßig ruhig. Am Tisch neben mir saßen zwei Chinesen, die sich, während ich aß, darüber lustig machten, wie ich die Essstäbchen hielt. Sie zeigten ungeniert mit dem Finger auf mich, knufften sich gegenseitig und hatten einen Heidenspaß, jedes Mal, wenn ich mir einen Bissen in den Mund schob. Die beiden sahen aus wie die chinesische Variante von Stan Laurel und Oliver Hardy. Auch, nachdem ich aufgegessen hatte, nahm die unverhohlene Neugierde an mir kein Ende. Sehr offensichtlich unterhielten die beiden sich lautstark über mich, wohlwissend, dass ich nicht ein einziges Wort verstand. Trotz dieser beiden Idioten blieb ich hier noch eine Weile sitzen und bereitete mich mental darauf vor, mich wieder durch die Massen zu meinem Waggon zu wühlen. Zurück im Abteil, kletterte ich in meine enge Koje und versuchte, trotz des Lärms ein wenig zu schlafen.

Gegen 16.30 Uhr hielt der Zug in Xining, eine weitere der schier zahllosen Millionenstädte Chinas. Xining zählte circa 2,2 Millionen Einwohner und lag in rund 2.200 Meter Höhe. Ab jetzt ging es rauf in noch größere Höhen und deshalb wurde zur Unterstützung eine weitere Lok ans Ende des Zugs gekoppelt, um zu schieben.

Ich nutzte die Zeit, um mir auf dem Bahnhof ein wenig die Beine zu vertreten. Es war bereits merklich kälter geworden.

Gegen 20.00 Uhr kehrte „einigermaßen" Ruhe ein. Die Schaffnerin ging von Abteil zu Abteil und verteilte Einwegschläuche zur Verwendung an den Sauerstoffauslässen, die sich in jedem Abteil befanden.

Jetzt wurde auch im Zug die Heizung eingeschaltet – wie das halt in Asien so ist: entweder ganz oder gar nicht. Hier entschied man sich für „ganz", also ganz heiß. Ich saß nach kurzer Zeit im T-Shirt und schwitzte vor mich hin. Wir fuhren weiter nach Golmud und von da an ging es sehr steil bergauf, bis auf über 5.000 Meter an der Grenze zu Tibet. Die Bahnstrecke hielt schon einige Weltrekorde. So war sie mit einer Höhe von 5.072 Meter die höchste Bahnstrecke der Welt. Hier liegt auch der höchste Bahnhof der Welt (Tanggula mit 5.068 Meter) und der höchstgelegene Tunnel der Welt (4.905 Meter).

Die sechszehnjährige Tochter, die ja im Bett unter mir schlief, hatte dann noch ein mir bis dato unbekanntes Problem. Als das Licht ausgeschaltet wurde und in unseren Waggon so etwas wie Ruhe einkehrte, drehte sie auf und schrie lauthals herum. Ich verstand natürlich kein Wort und die anderen im Abteil kümmerte es komischerweise nicht. Irgendwann später gab sie dann Ruhe und wir konnten endlich schlafen. Vielleicht hatte sie Probleme mit der Höhe? Alle fünf chinesischen Mitreisenden meines Abteils benutzten in jener Nacht ihre Sauerstoffhilfe.

Ich stand früh auf und machte mich wieder zum Gespött meiner Mitreisenden, indem ich ein wenig Körperpflege betrieb. In den Gängen war es recht kalt an diesem Morgen. Fenster und Türen waren mit einer circa zwei Zentimeter dicken Eisschicht überzogen. Die Landschaft, die nun am frühen Morgen an uns vorbeizog, war noch karger als gestern. Es sah aus wie auf dem Mond.

Ab und an konnte ich wilde Yakherden direkt neben den Gleisen ausmachen. Wir befanden uns mittlerweile auf über 4.000 Meter Höhe. Bald schon konnte ich die schneebedeckten riesigen Berge der Himalaya-Ausläufer in der Ferne erkennen. Erneut machte ich mich auf den Weg in den sieben Waggons entfernten Speisewagen. Heute sahen die Menschen, die ich auf dem Weg dorthin überwinden musste, noch abgekämpfter aus als gestern. Es lagen auch noch mehr Dreck und Essensreste herum. Der Geruch hatte sich zu einem ausgewachsenen Gestank aus ungewaschenen Körpern, Schweiß, Ausdünstungen, Essensresten, Zigarettenrauch und schlechtem Atem gemausert. Bisher machte mir die Höhe nichts aus, bewegte ich mich jedoch ein wenig schneller, blieb mir sofort die Luft weg. Aber das war noch nicht schlimm. Ausnahmsweise lief gerade mal keine Musik über die Bordlautsprecher. Das war eine Wohltat. Ich merkte sofort, dass ich entspannter und ruhiger war als am Vortag.

Kaum im Bordrestaurant angekommen, sah ich die beiden Clowns von gestern auf den gleichen Plätzen sitzen. Das konnte doch nicht wahr sein! Die waren bestimmt engagiert worden. Es folgte das gleiche Spiel wie am Tag zuvor. Ich aß mit Stäbchen und die beiden hatten den Spaß ihres Lebens. Ich trug meinen Teil zur Kommunikation bei, indem ich den beiden Trotteln den Mittelfinger zeigte. Erst schauten sie ein wenig verunsichert, aber nach kurzer Zeit hatten sie sich gefangen und die hämische Lästerei über mich setzte sich fort. Ich seufzte und versuchte, die beiden Witzfiguren zu ignorieren. Später, als ich wieder zurück in meinem Waggon war, setzte ich mich auf einen der Klappsitze am Fenster. Vor mir befand sich ein winziger Tisch; ich schrieb in mein Tagebuch. Immer wieder zwängten sich Menschen an mir vorbei, die sich die komische Schrift, in der ich schrieb, genau anschauten.

Mittlerweile steckten mir 42 Stunden Zugfahrt in den Knochen. Ich war mutmaßlich die einzige Person im ganzen Zug, die keinen chinesischen Ausweis besaß. Langsam reichte es mir und ich freute mich sehr auf die Ankunft in Lhasa. Ein alter chinesischer Fluch lautete: „Du sollst mit dem Zug von Chengdu nach Lhasa fahren ..." Nein, das stimmte natürlich nicht, aber es fühlte sich für mich wie ein Fluch an.

Es war Donnerstag. Rasiert und geduscht hatte ich das letzte Mal am Montag. Für die meisten meiner Mitreisenden lagen diese für sie seltenen Ereignisse sicherlich noch sehr viel länger zurück. Auch freute ich mich, bald wieder in einem richtigen Bett zu schlafen.

Es existierten in diesem Zug zwei verschiedene Kategorien von Schlafkabinen: Hardsleeper und Softsleeper. Ich entschied mich für Hardsleeper, da ich dachte, das würde ausreichen. Mein Rücken sah das ein wenig anders. Nach den zwei Tagen und Nächten im Zug bewegte ich mich wie eine gramgebeugte alte Frau. Ich musste mich anstrengen, meinen Rücken wieder in eine gerade Position zu bekommen.

Eine halbe Stunde vor unserer Ankunft in Lhasa, ich saß noch immer im Gang am Fenster, sprach mich ein etwa zehnjähriges tibetisches Mädchen auf Englisch an. Wir unterhielten uns ein wenig. Ich bedauerte es, dass wir uns nicht schon gestern im Zug getroffen hatten – die Zeit wäre sicherlich schneller vergangen und sie hätte für mich ein wenig dolmetschen können. Meine Mitreisenden ließen über sie fragen, ob ich ihnen mal deutsches Geld zeigen könne. Es gab großes Staunen beim Anblick eines 10-Euro-Scheins. Ich schenkte dem Vater eine nagelneue 2-Euro-Münze und verteilte noch eine Handvoll Schlüsselbänder von meinem damaligen Arbeitgeber, die ich für genau solche Zwecke mitgenommen hatte. Im Gegenzug wurde ich mit eine riesigen Tüte Erdnüssen und einem chinesischen Fertiggericht bedacht.

Überhaupt waren alle Chinesen im Zug sehr höflich, freundlich und großzügig. Ein jeder wollte seine Habseligkeiten mit mir teilen. Auch wildfremde Menschen, die offensichtlich nicht viel besaßen, wollten mir ungefragt von ihren spärlichen Lebensmitteln abgeben. Auch machte ich mir auf meinen Streifzügen durch den Zug nie Sorgen um mein Gepäck. Ich wusste, dass meine Kabinenmitbewohner darauf aufpassen würden.

Nach 45 Stunden auf engstem Raum in einem völlig überfüllten Zug erreichten wir Lhasa. Wir hatten etwas mehr als 3.000 Kilometer hinter uns gebracht und befanden uns nun in circa 3.600 Meter Höhe.

Oft genug malte ich mir aus, was in diesem Zug losgewesen wäre, hätten stattdessen 1.500 Europäer 45 Stunden auf engstem Raum miteinander verbracht …

In dem riesigen, viel zu großen Bahnhof in Lhasa fielen sofort die vielen chinesischen Polizisten und Soldaten auf. Einige sahen aus wie dem Film *Robocop* entsprungen samt Bein-, Brust- und Armpanzerung.

Die vielen, vielen Mitreisenden verteilten sich auf die wartenden Busse und schon bald lichtete sich der moderne Bahnhof von Lhasa. Viele Chinesen, die mit dem Zug nach Tibet fuhren, taten dies, um hier sesshaft zu werden. Die chinesische Regierung unterstützte das finanziell ganz erheblich. Das war für sie natürlich eine hervorragende Gelegenheit, die alte tibetische Kultur zurückzudrängen. Zudem benötigten die Chinesen massiv Fachkräfte, um die immensen Bodenschätze Tibets wie Lithium, Gold, Erdöl, Blei und mehr abbauen zu können.

Das ist auch einer der wichtigsten Gründe, warum China niemals zulassen wird, das Tibet Autonomie als unabhängiger Staat erlangt. Die erheblichen Bodenschätze sichern dem bevölkerungsreichsten Staat der Erde nicht nur dauerhaften Wohlstand, sondern auch wirtschaftspolitisch eine gewisse Machtposition. Verständlich, dass die Chinesen das freiwillig nicht aufgeben.

Ich ließ mir Zeit, ehe ich den Bahnhof verließ, und genoss es, das erste Mal in Tibet zu sein.

Die Sonne schien und es war angenehm warm. Verschwand die Sonne aber hinter Wolken oder trat ich in den Schatten, wich das angenehm wohlige Gefühl sofort einer gnadenlosen, harten Eiseskälte, die unmittelbar in jede Pore meines Körpers zog.

Mein Guide für die nächsten Tage, Purpo, wartete schon auf mich und überreichte mir den traditionellen tibetischen Schal.

Purpo war ein circa dreißigjähriger Tibeter, rund 165 Zentimeter groß, leicht untersetzt, und er trug die für Tibet so typische wattierte Steppjacke. Er sprach sehr gut Englisch und machte auf Anhieb einen sympathischen Eindruck. Als wir uns in den nächsten Tagen besser kennenlernten, war ich sehr angetan von seinem überaus scharfen Verstand, seinem Blick auf die Welt und vor allen Dingen von seinem erfrischenden Humor.

Auf der Fahrt ins Hotel teilte er mir mit, dass sich der Reiseplan leider geändert habe. Meine geplanten zwei Tage in Lhasa, um die Stadt auf eigene Faust erkunden zu können, fielen ins Wasser; dadurch verlängerte sich mein Aufenthalt in Chengdu. Danke, liebe chinesische Regierung! Na ja, die hatten schlicht Angst, dass es an den Jahrestagen des Tibetaufstands und der tibetischen Unruhen wieder Demonstrationen geben würde, und wollten auf jeden Fall Zeugen vermeiden, die unschöne Bilder und Zeitdokumente nach Hause in den Westen trugen.

Die unglaublich massive Polizei- und Militärpräsenz in Lhasa ließ jedenfalls keinen Zweifel darüber aufkommen, dass die Regierung gut vorbereitet war und ohne zu zögern erbarmungslos zuschlagen würde, genauso wie sie es vor exakt einem Jahr bei den anfangs gewaltfreien Demonstrationen der Mönche in Tibet getan hatte.

Das Rückflugticket sowie mein Hotel in Chengdu hatten die Behörden bereits für mich umgebucht. Die konnten schon unangenehm effektiv sein. Zwei Tage mehr in Chengdu bedeuteten wahrscheinlich zwei Tage ziemliche Langeweile, denn außer den behäbigen Pandabären weit vor den Toren der Stadt gab es dort für mich nichts zu sehen. Es war eine riesige chinesische Großstadt ohne erkennbare Highlights, so wie Dutzende andere auch.

Ich checkte erst einmal im Hotel Kailash ein, das sich im tibetischen Teil von Lhasa nahe dem Zentrum befand. Mein Zimmer war recht groß, und das war auch schon das Beste, das ich von diesem traurigen Etablissement berichten kann. Der Abfluss im Badezimmer stank so entsetzlich, dass ich mir jedes Mal die Nase zuhalten musste, wenn ich das Bad betrat. Der Teppich war unfassbar fleckig; bei eingehender Untersuchung hätte man in dem Teil wahrscheinlich noch völlig neue Lebensformen entdecken können. Ich nahm mir – wie so oft – vor, mich nicht barfuß durch mein Zimmer zu bewegen. Das wäre aber auch eh unangenehm gewesen, da die Heizung nicht funktionierte. Es war saukalt und ich hatte den leisen Verdacht, dass das nachts nicht besser werden würde. Das Zimmer war dunkel und muffig, lag aber zum Hinterhof, was immerhin für einen weiteren positiven Aspekt sorgte: Es war relativ ruhig. Das lag aber auch daran, dass ich gefühlt der einzige Gast im ganzen Hotel war.

In Kurzform: Das Gasthaus war sehr ungemütlich. Die Hoteleinfahrt lag in einem schäbigen Hinterhof und über der Ausfahrt befand sich eine große Leuchtreklame mit der Aufschrift: „Welcome to again". Ich rätselte lange, was das wohl bedeuten sollte.

Ich stellte meinen Rucksack in die Ecke und ging wieder runter zur Rezeption, wo Purpo auf mich wartete. Wir schlenderten in die Altstadt, die direkt um die Ecke lag, um eine Kleinigkeit zu essen. Die Häuser waren überwiegend zwei- bis dreistöckig, und die meisten Geschäftsinhaber stellten einen Teil ihrer Waren direkt auf die Straße.

200 Meter von meiner Unterkunft entfernt, erreichten wir den berühmten Jokhang-Tempel, das wohl berühmteste und wichtigste Heiligtum der Tibeter. Auf dem Barkhor-Platz war jetzt um 18.30 Uhr noch richtig viel los, allerdings ließ sich auch überall der chinesische Sicherheitsappart blicken. Militärpatrouillen, immer zehn Mann stark und schwer bewaffnet, streiften durch die Straßen und Gassen. Purpo bat mich, keine Polizisten und Soldaten zu fotografieren. Das hatte ich auch nicht vor. Ich konnte mir vorstellen, dass dies massiven Ärger bedeuten würde, nicht nur für mich, sondern auch für meinen Begleiter. Er erzählte mir, dass Ende Februar sämtliche Ausländer Tibet verlassen müssten.

Purpo meinte weiter, dass es außer mir aber ohnehin keine mehr in Tibet gebe. Ein komisches Gefühl. Ach ja, allein durfte ich mich auch nicht in Lhasa bewegen. Purpo musste jeden Morgen und jeden Abend einen Bericht bei der zuständigen Behörde vorlegen, was wir am Tage gemacht hatten und was für den Folgetag geplant war. Wenn es ihnen nicht passte, änderten sie kurzerhand das Programm.

In Lhasa gab es einen tibetischen und einen chinesischen Teil, getrennt durch den beeindruckenden Potala-Palast in der Mitte dieser beiden Stadtteile. Mein Hotel befand sich im tibetischen Teil, wo man noch einen Teil der alten Kultur auch außerhalb der zahlreichen Klöster und Tempel erahnen konnte. Der Rest von Lhasa sah mittlerweile leider so aus wie jede x-beliebige chinesische Stadt. Der chinesische Einfluss prägte immer stärker den tibetischen Teil der Stadt. Mehr und mehr Chinesen nahmen sich hier Wohnungen, eröffneten Geschäfte und veränderten dadurch das Stadtbild. Die Regierung fuhr einen rigiden

Kurs, um die tibetische Identität in der Bevölkerung schnellstens aufzulösen oder zumindest zu verwässern. So wurde beispielsweise die tibetische Sprache nicht mehr in der Schule gelehrt und im öffentlichen Raum auch nicht mehr gesprochen. Selbst Speisekarten in Restaurants oder Namen von Geschäften und Unternehmen mussten in chinesischer Schrift geschrieben sein.

Purpo erzählte mir, dass viele Tibeter, gerade auch junge Menschen, ein massives Alkohol- oder Drogenproblem hätten.

Nach dem Essen kaufte ich mir noch ein wenig Wasser und ging dann auf mein Zimmer. Eigentlich freute ich mich sehr auf eine lange, warme Dusche, aber Purpo warnte mich eindringlich davor, bereits an diesem Abend zu duschen. Er meinte, dass dies die Symptome der Höhenkrankheit wie Kopfschmerzen hervorrufen oder verstärken könne. Nun, ob ich somit vier oder gleich fünf Tage ungeduscht bleiben würde, konnte mir eigentlich auch egal sein. Ich freute mich immerhin auf ein richtiges Bett.

Um genau 01.00 Uhr war die Nacht für mich vorbei, und zwar aus zwei Gründen:

1. Es war dermaßen arschkalt in meinem Zimmer, wie ich es noch nie erlebt hatte. Mir klapperten regelrecht die Zähne!

2. Das Symptom der Schlaflosigkeit aufgrund der enormen Höhe machte sich bemerkbar.

Ich suchte mir alle Decken zusammen und wälzte mich bis etwa 05.30 Uhr unter dem stattlichen Gewicht der muffigen Brokatdinger hin und her.

Morgens quälte ich mich aus dem Bett und freute mich nun auf eine ergiebige und heiße Dusche. Ich ging ins Bad, ignorierte den Gestank und drehte die Dusche auf. Dann der nächste Schock. Die Dusche blieb kalt. Eiskalt. Ich zog mich an und ging runter in die Rezeption, die völlig dunkel und verwaist war. Ich schaute hinter den Tresen, dort lag ein altes runzeliges Männchen, das ich erst einmal weckte. Wir versuchten zu kommunizieren, ich auf Englisch, er auf Chinesisch. Das klappte überhaupt nicht. Ich machte also den Hampelmann, indem ich ihm pantomimisch vorspielte, dass die Dusche kalt war. Das fand er witzig, tat aber so, als verstand er mich nicht. Nach ein paar Minuten hatte er ein Einsehen und rief den Manager an, den er wohl ebenfalls weckte. Er übergab mir den Hörer und ich trug mein Anliegen vor. Der Manager teilte mir lakonisch mit, dass es im Winter nur von 20.00 Uhr bis 22.00 Uhr warmes Wasser gebe. Und nein, er mache keine Ausnahme für mich. Ich könne ja heute Abend duschen. Wutentbrannt stiefelte ich zurück in mein Zimmer und duschte kalt. Das hatte einige Vorteile. Ich war jetzt sauber, wach und im wahrsten Sinne des Wortes wieder runtergekühlt.

Nach einem überschaubaren Frühstück im Hotel, das in Punkto Attraktivität meinem Zimmer in nichts nachstand, fuhren Purpo und ich zum legendären Potala-Palast.

Der Potala-Palast war bis zu seiner Flucht der offizielle Regierungssitz des Dalai Lama. Er liegt auf einem etwa 130 Meter hohen Berg mitten in Lhasa.

Für mich war der Potala-Palast immer schon eines der aufregendsten und schönsten Gebäude der Welt. Er war einer der Gründe für meinen Herzenswunsch, nach Tibet zu reisen. Auf 13 Stockwerken existierten angeblich exakt

999 Räume. Die letzte Ruhestätte der Vorgänger des aktuellen Dalai Lama befand sich ebenfalls auf dem Palastgelände.

Wie schon erwähnt, trennt der riesige Potala-Palast den tibetischen vom chinesischen Teil der Stadt und ist zudem ein überaus markanter Punkt im Stadtbild von Lhasa. Es war ein unglaubliches Gefühl, vor diesem gewaltigen Bauwerk mitten in der Stadt zu stehen. Ich bekam Gänsehaut. Der Palast wirkt in Natura noch viel imposanter und eindrucksvoller als auf den zahlreichen Bildern, die von ihm existieren.

Hier in großer Höhe in Tibet war der Himmel von einer stahlblauen, ja fast schwarzen Farbe; der beeindruckende Potala-Palast erschien vor dieser Kulisse geradezu mystisch. Viele Monumente verlieren ihre Strahlkraft, wenn man ihnen nahekommt. Nicht so der Potala-Palast. Auch aus nächster Nähe strahlt dieses architektonische Wunderwerk eine unglaubliche Faszination aus. Fast hätte man behaupten können, ich sei begeistert.

Nachdem ich mich sattgesehen und nebenbei unfassbar viele Fotos geschossen hatte, wollten wir da hoch. Also ich wollte da unbedingt hoch … Purpo meinte noch, dass ich mir mehr Zeit zur Akklimatisierung nehmen solle, da ich ja erst gestern am späten Nachmittag hier angekommen war. Wir könnten auch gerne an einem anderen Tag wiederkommen, versuchte er mich zu überzeugen.

Jetzt, wo ich schon mal hier war, wollte ich mir das aber nicht nehmen lassen. Nach den ersten Schritten auf der recht steilen Treppe blieb mir aber schneller, als mir lieb war, die Luft weg und ich röchelte wie ein asthmakranker Esel.

Ich musste alle zehn Meter stehenbleiben und wurde von sehr vielen, deutlich älteren Menschen überholt. Ich kam mir vor wie ein betagter Greis und wollte schon aufgeben, während ich eine Faust in meine überaus schmerzende Seite drückte, als mich ein winziges, steinaltes Mütterchen ohne Zähne im Mund lachend überholte und den steil aufsteigenden Weg scheinbar mühelos bewältigte. Das weckte meinen Ehrgeiz. Ich riss mich zusammen und kämpfte mich auf der allerletzten Rille – zugegebenermaßen mit sehr vielen Pausen –in die heiligen Räume dieses wundersamen Bauwerks hinauf.

Oben angekommen, erzählte Purpo, dass viele Touristen den Aufstieg nicht schaffen und auf halbem Wege wieder umkehren würden. Ich aber war zu fertig mit der Welt, um Stolz zu empfinden. Nach ein paar Minuten, die mir äußerst lang erschienen, kam ich allmählich wieder zu Atem.

Im obersten Stockwerk des Palastes befanden sich die Privatgemächer des Dalai Lama. Man durfte aber lediglich von außen hineinschauen. Das Betreten der Räumlichkeiten als auch das Fotografieren waren verboten. Zudem konnten hier die Schreine von vier verstorbenen Dalai Lama bestaunt werden.

Das war alles recht eindrucksvoll, obwohl der Mief der letzten Jahrhunderte wie Klebstoff an den Wänden zu haften schien. Was mir arge Probleme bereitete, war der ekelige und beißende Rauch der allgegenwärtigen Butterlampen, der bei mir große Schwierigkeiten mit meinen Kontaktlinsen verursachten. Das Zeug aus Yakbutter stank nicht nur erbärmlich, sondern ließ die ohnehin schon dünne Luft noch sauerstoffärmer erscheinen. Aber es war ein großartiges Erlebnis, diese für die Tibeter heiligen

Räume und Hallen zu besuchen. Sie vermittelten mir einen ersten Eindruck vom überaus komplexen System des Buddhismus.

Nachdem wir eine längere Zeit im Palast verweilt hatten, begaben wir uns auf die andere Straßenseite zum Potala-Platz. Von dort konnte ich das Bauwerk noch einmal in seiner ganzen Pracht bewundern.

Am anderen Ende des Platzes befand sich das sogenannte „Denkmal zur friedlichen Befreiung von Tibet". Also Zynismus können die Chinesen, das muss man ihnen lassen. Egal welche Ansicht man zu Tibets jüngster Vergangenheit und dem Verhältnis der Chinesen zu Tibet vertrat, aber von einer „friedlichen Befreiung Tibets" zu sprechen, überschritt die Grenze zur Boshaftigkeit doch deutlich. Dieses Denkmal sollte den Mount Everest darstellen, was ich aber selbst bei eingehender Betrachtung und mit viel Fantasie nicht erkennen konnte. Das Ding war einfach ein knapp 40 Meter hoher Betonklotz, der aussah, als wäre er oben schräg abgeschnitten worden.

Polizei und Militär waren auf dem riesigen Platz omnipräsent und passten auf, dass dem Denkmal nichts zustieß.

Während wir über den Potala-Platz schlenderten und die riesige chinesische Flagge bewunderten, die mitten auf dem Platz traurig im Wind flatterte, bekam Purpo einen Anruf von seiner Travel Agency.

Das Ergebnis: Ich musste noch an diesem Tag das Hotel räumen, da ab sofort keine Ausländer mehr im tibetischen Teil der Stadt übernachten durften.

Während ich innerlich ein wenig jubelte, dass ich in diesem jämmerlichen Loch nur eine Nacht verbringen musste, war das andererseits schon ein sonderbares Gefühl. Die chinesische Regierung war nervös und rechnete jeden Moment mit dem Schlimmsten. Eine Mischung aus Ungewissheit und Anspannung ergriff mich. Auch wurde mir nochmals eingeschärft, dass ich unter gar keinen Umständen allein durch Lhasa laufen dürfe. Während die Agentur für mich eine neue Unterkunft im chinesischen Teil der Stadt suchte, fuhren wir zurück zum Hotel, wo ich schnell meine Sachen zusammenpackte.

Dann gingen wir zum Barkhor-Platz und aßen hier in einem kleinen tibetischen Restaurant Momos. Das sind tibetische Teigtaschen, die zumeist mit Yakfleisch, Schweinehackfleisch oder Gemüse gefüllt sind.

Das Essen war ganz ausgezeichnet, allerdings hatte man in den tibetischen Restaurants eine völlig andere Vorstellung von Sauberkeit. Grundsätzlich war es eher unüblich, dass die Tische abgewischt wurden. Die traurigen Reste von Mahlzeiten, Flüssigkeiten, Zigarettenasche und andere unbekannte Überbleibsel der vorherigen Gäste ergaben einen zumeist klebrigen Film auf den alten und überaus wackeligen Plastiktischen, der eine erstaunliche und hartnäckige Haftbarkeit an den eigenen Klamotten aufwies.

Auf dem Barkhor-Platz waren noch mehr Militär und Polizei unterwegs als am Vortag. Und sie waren noch schwerer bewaffnet. Die schweren Maschinengewehre und mobilen Tränengaswerfer, die nun überall zu sehen waren, ließen keinen Zweifel an der erbarmungslosen Entschlossenheit der Chinesen aufkommen. Sollte es zu Demonstrationen kommen, dann genau hier auf dem Barkhor-Platz.

Das Fotografieren wurde jetzt auch noch schwieriger, da das Militär mittlerweile Soldaten auf den Dächern rund um den Platz postiert hatte.

An einem Ende des Platzes befand sich der Jokhang-Tempel, das größte Heiligtum Tibets. Die Tibeter taten so, als ginge sie diese militärische Machtdemonstration nichts an, und die chinesischen Soldaten und Polizisten provozierten durch übertriebene, waffenstarrende Präsenz. Eine nervöse Anspannung lag wie ein bleierner Mantel über der Stadt. Viele Augenpaare starrten mich an und verfolgten jeden meiner Schritte, denn ich war der einzige Ausländer weit und breit.

Vor dem Tempel sah ich unzählige Menschen beten. Die meisten schmissen sich der Länge nach auf den Boden und murmelten dabei unablässig ihre Fürbitten. Wir gingen in den Tempel, der von innen sehr hübsch war. Buntbemalte große Fabelwesen, kunstvoll aus Holz geschnitzt, bewachten den Tempel von innen. Alles war sehr ansprechend gestaltet. Blumenornamente und Statuen von tantrisch-buddhistischen Meistern und Gurus waren im gesamten Bauwerk zu bewundern.

Wir hatten die Möglichkeit, auf das Dach dieses beeindruckenden Tempels zu steigen. Von dort aus hatten wir einen tollen Ausblick auf den Barkhor-Platz, der mit seinen zweistöckigen Gebäuden und den vielen Marktständen von oben betrachtet ordentlich Eindruck schindete.

Etwas weiter im Hintergrund konnte ich den Potala-Palast ausmachen, wie er gewaltig auf seinem Berg thronte. Argwöhnisch beobachtet von den zahlreichen Polizisten und sonstigen Uniformierten, schoss ich trotzdem ein paar Fotos.

Mittlerweile war auch eine neue Unterkunft für mich gefunden worden. Es handelte sich um das *Tibet Hotel*, das tief im chinesischen Stadtteil lag. Der Name entbehrte nicht einer gewissen Ironie, wenn ich die Umstände in

Betracht zog. Allerdings war das garantiert Zufall und ganz sicher nicht beabsichtigt. Die chinesischen Behörden hatten erfahrungsgemäß keinen Sinn für Humor.

Das Hotel war eines von diesen Gebäuden, an das ich mich nach zwei Wochen nur noch mit Mühe erinnern konnte. Es war ein Gasthaus mit circa 300 Zimmern. Immerhin ließ die Sauberkeit nichts zu wünschen übrig und eine Dusche mit heißem Wasser gab es auch. Wieder befiel mich das starke Gefühl, dass ich der einzige Gast war.

Purpo und ich fuhren abends nochmal in die Altstadt zum Barkhor-Platz und aßen im Restaurant Mandala, weil er hier nichts zu bezahlen brauchte. Eine recht ansprechende Lokalität war das. Das Ambiente konnte man schon als tibetisch bezeichnen, aber das Essen war ziemlich international. Die Speisekarte gab von Curry bis zur Pizza und tibetischem Bier so ziemlich alles her, was man sich als verwöhnter Europäer wünschte.

Ich entschied mich für ein scharfes Chicken-Curry und stellte beim ersten Bissen einmal mehr fest, dass man in Asien nicht scharf bestellen sollte. Das Zeug hatte so viel Chili, dass es mir beinahe den Gaumen wegfräste. Meine Lippen wurden sofort taub und meine Kopfhaut fing an, äußerst unangenehm zu kribbeln. Der Schweiß lief mir heiß und kalt den Nacken hinab. Die sofort einsetzende Schnappatmung ließ mir zusätzlich schmerzhaft bewusstwerden, dass wir uns in großer Höhe befanden und dass Schnappatmung bei meinem aktuellen Stadium der Akklimatisierung keine gute Sache war. Purpo hatte Spaß an meiner unfreiwilligen Vorstellung, vor allem, als ich mir eine ganze Flasche Lhasa-Bier fast auf ex in meinen schmerzgeplagten Schlund schüttete, während ich gleichzeitig versuchte, Luft zu holen und zu schlucken.

Zurück im Hotel musste ich dann noch den Hausmeister kommen lassen, der 30 Minuten lang an der sehr abenteuerlichen Elektrik neben meinem Bett basteln musste, ehe endlich das Licht funktionierte. Danach sah das auch nicht besser aus, aber es funktionierte wenigstens.

Am nächsten Morgen brachen wir nach Shigatse auf, die zweitgrößte Stadt Tibets. Shigatse zählte circa 500.000 Einwohner und lag im äußersten Süden Tibets. Die 271 Kilometer lange Strecke dorthin führte über eine der berühmtesten chinesischen Straßen: den G318 National Highway, der auch als *Friendship Highway* bezeichnet wurde. Originelle Namen sind wirklich eine Spezialität der Chinesen …

Die Infrastruktur war hervorragend ausgebaut in diesem schwierigen Terrain. Die alte romantisch-verklärte Auffassung, dass man hier über unbefestigte Feldwege rumpelte, war lange passé. Hier gab es jetzt ausgezeichnete und moderne Straßen, die beinahe mit den europäischen Asphaltbahnen mithalten konnten. Klar, man musste schließlich die ganzen Bodenschätze, die man hier im großen Stil abbaute, schnell und sicher abtransportieren können.

Kurz hinter Lhasa hielten wir an einer heiligen Stätte nahe einem Fluss. Überall flatterten die auch sonst allgegenwärtigen tibetischen Gebetsfahnen, die in rot, grün, blau, weiß und gelb daherkommen und für jeweils ein Element stehen. Purpo erzählte mir, dass in diesem Flussabschnitt traditionell Kinderbeisetzungen stattfinden würden. Verstorbene Kinder würden hier an die Fische verfüttert. Grundsätzlich kennen die Tibeter keine Beerdigungen, wie wir sie praktizieren.

Für die erwachsenen Verstorbenen gibt es die sogenannten Himmelsbestattungen, wo der Leichnam in kleine Stücke zerhackt und dann an die Geier verfüttert wird. Das mag für uns Europäer grausam und herzlos klingen. Für die Menschen in Tibet hat diese Tradition ganz pragmatische Gründe. Für eine klassische Beerdigung ist der hartgefrorene Boden nicht geeignet und für eine Feuerbestattung gibt es in Tibet einfach zu wenig Brennholz. Ich sollte im Laufe der nächsten Tage noch Zeuge einiger Himmelsbestattungen werden.

Die Bestatter, die Ragyapas oder auch Knochenbrecher genannt wurden, bereiten den Verstorbenen so vor, dass er an die heilige Stelle der Himmelsbestattung transportiert werden kann. Dafür wird ihm das Genick gebrochen, damit er zusammengeklappt leichter tragbar ist. Während der Bestattung werden große Stücke Fleisch aus dem Leichnam geschnitten, um die Geier anzulocken. Haben sich die riesigen Vögel sattgefressen, zermahlt der Ragyapas die übriggebliebenen Knochen des Toten und vermischt sie mit Tsampas, einem aus Mehl geröstetem Getreide, das zumeist mit Tee oder Yakbutter verfeinert wird. Damit werden letztlich jene Geier gefüttert, die vorher zu kurz kamen.

Um 11.00 Uhr vormittags erreichten wir den Khamba La-Pass auf circa 4.800 Meter Höhe. Von hier konnte ich einen traumhaften Ausblick auf den See Yamdrok Tso genießen, der circa 4.500 Meter über dem Meeresspiegel liegt und einer der vier heiligen Seen Tibets ist. Der See, der die Form eines Skorpions hat, ist einzigartig bezaubernd. Er strahlte beinahe kitschig türkisfarben und lag eingebettet inmitten erdbrauner und grün bewachsener Berge. Ganz in der Nähe befindet sich übrigens das höchstgelegene Wasserkraftwerk der Erde.

Wir wanderten ein wenig über den Pass und nachher auch hinunter an das Ufer des Sees. Es war saukalt und unglaublich windig, aber der Ausblick und vor allem die Atmosphäre machten die kurze Zeit hier zu einem unvergesslichen Erlebnis.

Kurze Zeit später fuhren wir in das nahegelegene Nangartse auf 4.400 Meter Höhe. Dieses Dorf war ein unglaublich trostloses Nest mit ein paar verlorenen Steinhäusern entlang der Hauptstraße. Die paar Geschäfte hatten allesamt chinesische Namen. Tibetische Geschäftsnamen sah ich überhaupt nicht mehr. Auf der fast leeren Hauptstraße spielten ein paar Kinder, dick eingemummt in bunte, wattierte Jacken. Wir betraten eine Art Restaurant, das der Trostlosigkeit des Dorfes in nichts nachstand. Es wurde von einem Tibeter geführt.

Die meisten Restaurants hier waren gleichzeitig die Behausung der Betreiber. Zumeist nahmen wir im Schlafzimmer der Gastgeber auf deren Betten Platz. Das war am Anfang recht gewöhnungsbedürftig, aber nachher machte es mir nichts mehr aus.

In Nangartse landeten wir in einem Gastraum, der Platz für drei kleinere Tische bot. Der Staub klebte beinahe fingerdick an den schmutzig weißen Wänden. Die Vorräte lagen wahllos auf kaputten Regalen verteilt und die pinkfarbene Tischdecke unseres Tisches war mit einer durchsichtigen Plastikfolie überzogen. Alles wirkte sehr schmuddelig und die elektrischen Geräte schienen betagt und kaum noch funktionsfähig zu sein.

Was hier grundsätzlich immer funktionierte, waren die Radios, aus denen eine unerträgliche Musik schallte, die wie schon im Zug mein Nervenkostüm arg strapazierte. Warum man die Dinger immer auf volle Lautstärke drehen musste, konnte mir auch Purpo nicht schlüssig erklären. Ich bestellte Reis und gebratenes Gemüse. Das war super und richtig lecker.

Ein Tibeter betrat das Restaurant und wollte mir Sherkam verkaufen. Das ist ein aus Yakmilch hergestellter Käse, der sehr streng riecht. Purpo sagte, dass sich dieser Käse nahezu unbegrenzt halte, und so sah er auch aus. An den kleinen Stückchen, die an einer Art Seil hingen, klebte augenscheinlich Staub und Dreck der letzten vier Wochen. Der ehemals weiße Käse war daher bräunlich-gelb mit größeren schwarzen Flecken, die den Eindruck erweckten, als wäre der Käse bereits durch unzählige ungewaschene Hände gegangen.

Ich entschied mich, das Angebot auszuschlagen. Purpo hingegen gönnte sich ein paar Stückchen, und im Laufe unserer Tour aß er den Käse wie Süßigkeiten. Er bot mir immer wieder etwas an, was ich dankend ablehnte.

Wir fuhren weiter bis zum Karo La-Pass auf knapp 5.000 Meter Höhe. Von hier aus hatten wir einen fantastischen Blick auf den bisher wenig bestiegenen Berg Nyugyingkangsang, der beeindruckende 7.191 Meter hoch war. Wir standen somit „nur" circa 2.000 Meter unter dem Gipfel. Für mich erschien er trotzdem genauso unerreichbar, wie es mir unmöglich war, den Namen korrekt auszusprechen.

Die Menschen hier wohnten in unglaublich armseligen Verhältnissen. Aus heruntergekommenen Lehm- und Wellblechhütten kamen ein paar Frauen auf uns zu. Eine junge Frau mit einem Kleinkind auf dem Arm bettelte mich um Geld an. Ihr Gesicht lag unter zwei ausgefransten Schals verborgen, die sie gegen die immense Kälte, den andauernden Wind und die Sandstürme schützen sollten. Sie trug eine abgetragene, wattierte, blaue Jacke und eine Art Lederschürze, ebenfalls als Schutz vor dem Klima.

Vor Ort gab es nichts außer Geröll und Gebetsfahnen. Etwas weiter entfernt sah ich ein paar baufällige Ställe für das wenige Vieh, welches die Menschen hier besaßen und das ihr Überleben sicherte.

Der Wind wurde immer stärker und war jetzt zu einem tobenden und peitschenden Sturm angewachsen. Wir suchten Zuflucht im Auto, da wir keine Chance mehr hatten, uns gegen die kräftigen Böen zu behaupten. Fahren konnten wir nun auch nicht mehr, da durch den aufgewirbelten Sand die Sichtweite keine drei Meter mehr betrug. Wir saßen den Sturm im Auto aus und fuhren weiter, als es besser wurde.

Später erreichten wir Gyantse, ein recht hübsches Städtchen mit circa 15.000 Einwohnern. Hier besuchten wir den Pelkhor Chöde-Tempel, der ursprünglich eine Bergfestung gewesen war. Jetzt erlaubte er einen beeindruckenden Einblick in die buddhistische Geschichte. Bei seiner Flucht aus Tibet im Jahr 1959 soll der Dalai Lama hier eine Nacht verbracht haben. Nebenan lag der Kyantse Kumbum, eine circa 35 Meter hohe Kapelle, die Tausende von Gemälden beherbergte. Den Aufstieg dorthin über schmale Leitern empfand ich als extrem anstrengend; er machte mir auf unangenehme Weise klar, dass ich noch nicht wirklich akklimatisiert war. Anschließend schleppte ich mich zu unserem kleinen Jeep und wir fuhren die knapp 100 Kilometer bis nach Shigatse.

Da es mir immer noch mies ging, legt ich mich direkt nach unserer Ankunft in einem von jeder gemütlichen Atmosphäre befreiten Hotel in ein viel zu kurzes Bett. Trotz der Höhe von 3.850 Meter schlief ich die Nacht durch.

Am nächsten Morgen ging es mir erstaunlich gut. Nach der Dusche fühlte ich mich wie neugeboren. Das Frühstück im Hotel war unerwartet lecker. Purpo schaffte es dabei zum ersten und letzten Mal, mich zu einer Tasse Yakbuttertee zu überreden. Er trank das Zeug andauernd und in großen Mengen. Ich hatte schon Probleme, allein den ranzigen Geruch zu ertragen und prognostizierte ihm, dass ihm bald Yakhörner und ein dichtes Fell wachsen würden. Er konterte, dass ich zu feige sei, das tibetische Nationalgetränk zu kosten. Das ließ ich nicht auf mir sitzen; so nahm ich einen großen Schluck aus der mir angebotenen Tasse. Noch während die ranzige Plörre meinen Mund füllte, bemerkte ich, wie sich meine Gesichtsmuskulatur schlagartig zusammenzog. Ich musste ausgesehen haben wie ein zerknülltes Stück Aluminiumpapier.

Purpo fiel vor Lachen fast vom Stuhl und die beiden anwesenden Kellner kamen herbei, um das unwürdige Schauspiel zu betrachten. Ich musste meinen ganzen Mut zusammennehmen, um das Zeug runterzuschlucken. Als es endlich in meinem Magen angelangt war, fühlte es sich wie ein schwerer, flüssiger und unverdaubarer Fremdkörper in mir an. Purpo hatte den Spaß seines Lebens und er bot mir in den nächsten Tagen bei jeder Gelegenheit Yakbuttertee an.

Wie lässt sich der Geschmack am besten beschreiben? Es schmeckte in etwa wie eine Mischung aus alter, sauer gewordener Buttermilch, die zu lange in der Sonne gestanden hatte, und Yakpisse. Diese eine Kostprobe reichte mir, sehr zum Bedauern meines treuen Begleiters.

Nach dem ereignisreichen Frühstück besuchten wir das berühmte Trashilhünpo-Kloster in Shigatse.

Dies war der Hauptsitz der letzten sieben Penchen Lama, die auch allesamt hier beerdigt worden waren.

Der Penchen Lama ist so etwas wie die Nummer 2 bei den Buddhisten; er ist in der Hierarchie direkt unter dem Dalai Lama angeordnet. Nach dem Tod eines Dalai Lama muss seine Reinkarnation, also die Wiedergeburt, von einer Kommission, angeführt durch den Penchen Lama, gefunden und anerkannt werden. Das bedeutet, dass der Penchen Lama eine extrem wichtige Rolle bei der Findung und Bestimmung des neuen Dalai Lama innehat. Umgekehrt genauso. Stirbt der Penchen Lama, liegt die Anerkennung eines neuen Penchen Lama in der Hand des Dalai Lama.

Der während meiner Reise aktuelle Dalai Lama war, um es vorsichtig auszudrücken, nicht besonders populär bei den chinesischen Behörden. Als einer der größten Kritiker der chinesischen Politik war er China immer ein Dorn im politischen Auge. Seine immense weltweite Beliebtheit taten ihr Übriges, um ihn als eine Art chinesischen Staatsfeind zu etablieren. Wenn der Dalai Lama von einem Staatspräsidenten, egal wo auf der Welt, eingeladen wurde, reagierten Chinas Politiker immer äußerst verschnupft und beleidigt. Am liebsten wäre es ihnen, wenn die Welt den Dalai Lama ignorieren würde.

Es war im Übrigen verboten, hier in Tibet Bilder vom Dalai Lama zu zeigen oder auch nur von ihm zu sprechen.

Der zu meiner Reise amtierende Dalai Lama war 1935 geboren worden, oder wie die Tibeter sagten, er war reinkarniert worden.

Er war also bereits nicht mehr der Jüngste gewesen, als den chinesischen Behörden eine äußerst brillante Idee gekommen war ... Sie ließen den amtierenden Penchen Lama, den 1989 geborenen Gendün Chökyi Nyima, entführen und setzten an seine Stelle den regierungsfreundlichen Gyeltshen Norbu. Der Aufschrei in der weltweiten buddhistischen Community war gewaltig, was den chinesischen Behörden allerdings komplett egal war. Stirbt also irgendwann der amtierende Dalai Lama, ist davon auszugehen, dass seine anerkannte Reinkarnation ganz im Sinne der chinesischen Staatspartei agieren wird.

Ach ja, die Mutter des rechtmäßigen Penchen Lama war von den Behörden kurze Zeit später ohne Angabe von Gründen ins Gefängnis gesteckt worden. Der Aufenthalt von Gendün Chökyi Nyima ist bis heute unbekannt.

Zurück zum Trashilhünpo-Kloster: Die Mönche hier galten als sehr regierungsfreundlich und belauschten gerne die Gespräche zwischen Guides und Touristen. Bei sensiblen Themen gab es dann eine Meldung an die zuständige chinesische Behörde und der Guide kam unter Umständen ins Gefängnis und verlor seine Arbeitserlaubnis. Da Purpo und ich sonst immer über kritische Themen sprachen, beschlossen wir, hier nur Belangloses zu reden. Während ich mir den verstaubten und schmutzigen Tempel von innen anschaute, waren tatsächlich immer Mönche in Hörweite. Mit gefiel es hier gar nicht. Das Lauschen ging mir auf den Keks und dann wollten die auch noch sagenhafte neun Euro fürs Fotografieren haben! Pro Gebäude versteht sich. Deswegen habe ich auch keine Fotos vom Inneren des Tempels.

Kurze Zeit später fuhren wir weiter über den Friendship Highway in Richtung Tingri.

Nach 150 Kilometer über den recht gut ausgebauten Highway, der sich wie eine riesige gewundene Schlange durch die unwirtliche, aber dennoch sehr reizvolle Landschaft schob, machten wir gegen 13.15 Uhr Halt in Lhatse. Lhatse ist mehr oder weniger ein Dorf mit circa 2.000 Einwohnern und verfügt über genau eine Straße – der Ort ist nicht wirklich sehenswert und bestenfalls als Zwischenstopp geeignet. Wir kehrten in ein tibetisches Restaurant ein, das Spezialitäten wie Schlange, Yakzunge und Ähnliches anbot. Wie immer in solchen Etablissements bestellte ich gebratenes Gemüse und schüttete das Ganze mit Chilisauce zu.

Es ging weiter durch eine unglaublich karge, raue und sehr unwirtliche Landschaft. Das Wetter änderte sich alle zehn Minuten. Wir passierten einen vereisten Fluss, über dem ein heftiger Sandsturm wütete. Die weißen Wolken flogen in irrer Geschwindigkeit über uns hinweg. Manchmal riss der starke Wind große Löcher in die Wolkenberge und ich konnte den wunderschön blauen, teils fast schwarzen Himmel bewundern.

Wir überquerten den Gyatso La-Pass, der sich auf 5.100 Meter Höhe befindet. Oben auf dem Pass stand eine Art Torbogen, an dem tausende Gebetsfahnen befestigt waren. Die Luft hier oben war schon sehr dünn. Wenn ich mich ein wenig schneller als in Zeitlupe bewegte, merkte ich sofort, wie mir der Atem wegblieb. Die große Höhe bewirkte, dass ich innerlich fror. Auch die Heizung in unserem kleinen Auto half mir nicht mehr.

Während wir uns weiter in Richtung Tingri bewegten, fror ich wie noch nie zuvor in meinem Leben, während Purpo in unserem völlig überhitzten Gefährt einen Schweißausbruch nach dem nächsten durchlebte. Rund 20 Kilometer vor Tingri sah ich zum ersten Mal den Mount Everest, oder auch Qomolangma, wie ihn die Einheimischen nennen. Leider war der Himmel wolkenverhangen, so dass der Gipfel nicht zu erkennen war. Trotzdem schoss ich ein paar Fotos von der sehr beeindruckenden Nordwand. Dann waren wir auch schon in Tingri. Die Ortschaft gehört zur Mount Everest-Region; von hier starten viele Expeditionen zum höchsten Berg der Welt.

Tingri liegt auf ungemütlichen 4.250 Meter Höhe und zählte circa 500 Einwohner. Während wir über die einzige, kaputte Straße fuhren, wurde mir auf einmal bewusst, wie sehr am sprichwörtlichen Arsch der Welt wir uns hier eigentlich befanden.

Sämtliche Häuser wirkten vollkommen marode; das ganze Dorf machte einen abweisenden und unwirtlichen Eindruck. Bei klarer Sicht hatte man einen sagenhaften Blick auf die riesigen Berge, die Tingri umgaben. Leider nicht an diesem Tag. Es war diesig und nebelig und das graue, nasskalte trübe Wetter passte perfekt zu der beinahe schon bedrohlichen Atmosphäre. Wäre eine Horde Orks mit Katapulten hier vorbeigezogen, ich hätte mich nicht gewundert.

Meine Unterkunft stand dem Dorf in nichts nach.

Kalt, hässlich, ungemütlich, ohne fließendes Wasser, mit einem völlig verdreckten Teppichboden und fleckiger Bettwäsche ausgestattet und so alt, als stammte die Einrichtung noch eins zu eins aus dem Jahr 1953, als Edmund Hillary zum ersten Mal den Mount Everest bestiegen hatte. Zu allem Überfluss roch es hier ganz stark nach Scheiße.

Aber es gab, als einzigen Luxus, eine Klimaanlage mit eingebauter Heizfunktion. Die durfte ich allerdings erst ab 19 Uhr einschalten. Die hatten also echt vor, mich hier noch satte 2,5 Stunden – es war 16.30 Uhr – bei circa -8 Grad Celsius in diesem frostigen Loch ausharren zu lassen.

Nach einer längeren Diskussion hatte der Hotelangestellte Erbarmen mit mir und schaltete den Strom ein. Sofort stellte ich das Teil auf die höchste Stufe ein: 28 Grad. Wärme kam bei mir aber nur an, wenn ich mich direkt unter das altersschwache Ding stellte. Also saß ich abwechselnd auf dem Bett oder stellte mich unter die Heizung und beobachtete mit einer gewissen Fassungslosigkeit, wie viele Einheimische den Platz vor meinem Fenster als Toilette benutzten. Das erklärte natürlich auch den beißenden Gestank, der sich wie ein unsichtbarer Nebel seinen Weg durch die völlig morschen Fensterrahmen bis in meine Behausung bahnte. Um 19.00 Uhr wollten Purpo und ich in Tingri essen gehen. Eigentlich keine verlockende Aussicht, aber jetzt freute ich mich sehr darauf, auch nur für kurze Zeit aus diesem Zimmer zu kommen. Noch zwei Stunden. Ich zählte die Minuten.

Endlich 19.00 Uhr! Ich traf mich mit Purpo vor unserem Guesthouse. Wir gingen nicht in einen der beiden vielversprechenden Gourmettempel, die beim Vorbeifahren auf der Hauptstraße gesehen hatte. Purpo schlug vor, der tibetischen Küche unseres Guesthouses eine Chance zu geben.

Die Küche bestand aus einem circa 20 Quadratmeter großen Raum. Sechs Männer saßen an einem Tisch und spielten Mahjong. Ein Koch befand sich in der hinteren

Ecke des Raumes und bereitete auf einem klapprigen Tisch die Speisen zu. Zwei Frauen in mittlerem Alter bedienten die Gäste. Das Highlight war aber ein riesiger tibetischer Ofen, der die Raummitte ausfüllte. Der Ofen wurde mit Yakdung befeuert. Wasser und Suppe köchelte in großen Metallkesseln vor sich hin. Für europäische Verhältnisse war es hier unglaublich schmutzig. Es gab allem Anschein nach keine einzige Stelle in dieser Küche, die jemals geputzt worden war.

Ich setzte mich auf die schmuddelige Bank vor dem Ofen, der eine unglaubliche Wärme abgab. Alle Menschen hier waren sehr nett, höflich und gastfreundlich. Sofort fühlte ich mich wohl. Wir aßen Reis und Gemüse und tranken Unmengen an Tee. Nach circa 30 Minuten wurde mir warm – so sehr, dass ich mich auf eines der Betten im Raum setzte. Die Atmosphäre war relaxt – das hat richtig Spaß gemacht!

Ein paar Stunden später lag ich wieder in meinem Zimmer unter vier dicken Decken und fror. Noch bevor ich einschlief, wurde der Strom abgeschaltet, so dass die rappelige Heizung an der Wand ihre kümmerliche Arbeit einstellte.

Die Nacht wurde wie erwartet sehr ungemütlich. An Schlaf war unter den völlig versifften und fleckigen Bettdecken kaum zu denken. Ich quälte mich durch die Nacht, bis ich morgens um 06.00 Uhr durch lautes Klopfen an meine Tür aus einem unruhigen Halbschlaf gerissen wurde.

Ich schälte mich aus dem schmutzigen Deckenberg und bekam einen Kälteschock. Klar, die tibetischen Betreiber dieser Bude hatten für ihren einzigen Gast mitten im Februar aus Kostengründen den Strom nicht wieder eingeschaltet. Also gab es weder Heizung noch Licht. Draußen war es stockdunkel. Ich kramte meine Taschenlampe aus dem Rucksack und leuchtete mir den Weg zu jenem Raum, der als Badezimmer bezeichnet wurde. Als ich ihn erreichte, fragte ich mich, was ich dort eigentlich wollte. Es gab eh kein Wasser. Noch nicht einmal kaltes. Dann also Zähneputzen, etwas Deo auftragen, megawarm angezogen, Sachen zusammengepackt – fertig. Ich hatte gerade den Reißverschluss meines Rucksacks in der Hand, da ging mit einem Mal das Licht an.

Idioten!

Um 07.00 Uhr befanden wir uns wieder auf der Straße und erreichten nach genau acht Minuten den ersten Militärkontrollpunkt. Ich zeigte mein „Alien's Travel Permit" – ja, das hieß wirklich so – und als der Papierkram erledigt war, ging es weiter durch den Himalaya. Unser Ziel war das Basiscamp des Mount Everest. Wir fuhren über unbefestigte Straßen und zahllose, kaum enden wollende Serpentinen, bis wir pünktlich zum Sonnenaufgang den Lamna La-Pass auf 5.150 Meter Höhe erreichten. Die Aussicht auf den Mount Everest und drei weitere Achttausender, Makalu, Cho Oyu und Shishapangma, war atemberaubend. Ich empfand ein unglaubliches Glücksgefühl.

Es ging weiter durch karge, unwirtliche Landschaften, bis wir um kurz nach 10.00 Uhr das Rongbuk-Kloster am Fuße des Mount Everest erreichten. Es liegt auf 4.980 Meter Höhe und gilt als das am höchsten gelegene Kloster der Welt.

Es war unfassbar kalt, rund -30 Grad Celsius. Wir legten eine Rast ein und tranken in einem kleinen Raum auf der anderen Seite des Klosters Tee, um uns aufzuwärmen.

Zudem gab es hier einen Polizeistützpunkt, wo ich wieder meine Papiere und Erlaubnisschreiben vorzeigen durfte. Anschließend schauten wir uns das Innere des Klosters an, das nur über eine morsche Holztreppe zu erreichen war. Es fiel mir einmal mehr auf, dass die Klöster allesamt sehr schmutzig und teilweise auch zugemüllt waren. Das lag aber in erster Linie an den Bewohnern, die wohl einen alternativen Standpunkt zum Thema Sauberkeit vertraten.

Wir packten unsere Tagesrucksäcke und begaben uns zu Fuß auf den circa acht Kilometer langen Weg bis zum Mount Everest-Basiscamp.

Die Bewegung tat gut, mir wurde auch dadurch ein wenig wärmer. Durch die immense Höhe bewegten wir uns allerdings wie in Zeitlupe. Zog ich das Tempo etwas an, verengte sich sofort mein Blickfeld zu einem Tunnel. Außerdem blieb mir bei zu schnellen Schritten sofort die Luft weg.

Nach zwei Stunden über öde Schotterwege, erreichten wir das Basislager des Mount Everest auf 5.200 Meter Höhe. Ich staunte nicht schlecht, als ich hier eine kleine chinesische Militärbasis entdeckte, die wir natürlich sofort aufsuchen mussten, um meine ganzen Papiere vorzuzeigen. Vor ein paar Jahren hatte es diese Militärbasis noch gar nicht gegeben. Als aber ein amerikanischer Tourist meinte, es sei eine großartige Idee, eine verbotene und übergroße Tibetflagge hier oben zu schwenken und für alle gut sichtbar in der Nähe des Gedenksteins zu befestigen, errichteten die Chinesen kurzerhand an Ort und Stelle diese Militärbasis, um solche Zwischenfälle zukünftig sofort im Keim ersticken zu können. Selbstredend, dass die Basis auch ein kleines Gefängnis beherbergte.

Purpo und ich waren außer den Militärs ganz allein hier auf diesem riesigen Geröllfeld, welches das Basislager des höchsten Berges der Welt ausmachte. Der Mount Everest selbst lag hinter Wolken verborgen; ich konnte lediglich den unteren Teil erahnen. Das Quecksilber wies -30 Grad Celsius aus und es wehte ein heftiger Wind, der den Windchill-Effekt gefühlt potenzierte. Nach 15 Minuten hatten wir die Nase voll und begaben uns zurück auf den langen Weg zum Rongbuk-Kloster. Ich habe ein paar Mal meine dicken Handschuhe ausgezogen, um Fotos zu machen. Danach habe ich meine Hände nicht mehr warm bekommen und zurück im Auto waren meine Finger rot und blau angelaufen.

Die Fahrt zurück nach Shigatse nahm endlos lange sechs Stunden in Anspruch. Ich war müde und ausgelaugt. Im Hotel angekommen, legte ich mich erstmal in die Badewanne und verschwand danach sogleich ins Bett. Nichts ging mehr.

Am nächsten Morgen fühlte ich mich wieder erholt und ausgeschlafen. Wir machten uns auf den Weg zurück nach Lhasa über den Northern Friendship Highway. Ohne besondere Vorkommnisse erreichten wir Lhasa gegen 15.45 Uhr.

Abends schlenderten Purpo und ich in den tibetischen Teil der Altstadt. Es befanden sich kaum noch Einheimische auf den Straßen. Der Barkhor-Platz war nun von schwerbewaffneten Soldaten umringt. Als einzigem Europäer galt mir die ungeteilte Aufmerksamkeit sämtlicher Militärs, Polizisten und Geheimdienstler, die unschwer zu erkennen waren. Ein jeder schaute mich misstrauisch an. Da an diesem und am Folgetag das Neujahrsfest gefeiert wurde, verschärften die Chinesen nochmals ihre ohnehin schon übermächtige und waffenstarrende Präsenz. Einige sonst überaus belebte Straßen waren daher wie ausgestorben. Fast alle Geschäfte hatten geschlossen. Ich fühlte mich unwohl, auch weil ich meine Kamera dabeihatte.

Wir kehrten in einen kleinen tibetischen Imbiss ein, in dem außer uns nur sechs Polizisten anwesend waren. Das lebhafte Gespräch, das sie bis zu unserem Eintreffen führten, endete schlagartig. Alle Blicke richteten sich auf uns. In dem kleinen Raum machte sich eine unbehagliche Stille breit. Purpo war sehr nervös. Wir aßen schnell unsere Momos – tibetische gefüllte Teigtaschen – und zogen schleunigst wieder ab. Da mein Guide überzeugt war, dass es besser sei, vor Einbruch der Dunkelheit zurück im Hotel zu sein, endete hier unser Ausflug in die Altstadt.

Auf dem Rückweg gingen wir noch in einen kleinen chinesischen Supermarkt, denn ich wollte mir eine Flasche „Lhasa Beer" kaufen. Als ich an der Kasse bezahlen wollte, bemerkte ich, dass in der Flasche in meiner Hand lauter Glasscherben schwammen. Ich nahm mir eine andere Flasche und stellte zu meiner Verwunderung fest, dass sämtliche (!) Bierflaschen zu circa einem Drittel mit Glasscherben gefüllt waren. Gut, dann gab's eben kein Bier. Ich malte mir aus, was passiert wäre, wenn ich das getrunken hätte …

In meinem Zimmer angekommen, gab es dann die nächste Überraschung: Die Lampen flackerten wie wild und die elektrische Anlage neben dem Bett gab laute und sehr ungesunde Geräusche von sich.

Während der Hausmeister des Hotels versuchte, die Anlage zu reparieren, ertönten draußen vor dem Hotel Schüsse. Beinahe blieb mir das Herz stehen. Meine Befürchtungen aber bewahrheiteten sich Gott sei Dank nicht.

Die „Schüsse" gehörten zu einem wunderschönen Feuerwerk über Lhasa, das den Nachthimmel erleuchtete. Am nächsten Morgen blickte ich aus dem Fenster und stellte fest, dass es in der Nacht geschneit hatte. Die Stadt sah aus wie mit Puderzucker überzogen. Purpo und ich machten uns auf zum berühmten Norbulinka, der Sommerresidenz des Dalai Lama. 1959 war Norbulinka durch Artilleriebeschuss zerstört worden. Während des Angriffs befanden sich circa 30.000 Tibeter auf dem Gelände, um den Dalai Lama zu beschützen. Dieser floh noch während des Angriffs als tibetischer Soldat verkleidet über viele Umwege nach Indien.

Im Laufe der folgenden Jahrzehnte wurden die meisten der zerstörten Gebäude wie auch Norbulinka wieder aufgebaut. Vor Ort konnte ich einige wenige originale Gegenstände wie ein altes Radio oder ein indisches Bett bewundern, die den Angriff der chinesischen Truppen überstanden hatten. Man ließ mich durch die Privatgemächer des Dalai Lama schreiten und seinen gigantischen Thron bestaunen. Nach unserem ausführlichen Rundgang durch Norbulinka besuchten wir das Tibet-Museum, welches sich auf der anderen Straßenseite befindet.

Nach einer Einführung in die prähistorische Geschichte Tibets, wurde mit Hilfe von zahlreichen Bildern sehr detailliert und ausführlich gezeigt, unter welchen Repressalien die tibetische Bevölkerung vor 1959 unter der Herrschaft des Dalai Lama zu leiden gehabt hatte.

Dass die buddhistischen Mönche unter der Führung der Dalai Lama in der Zeit vor 1959 alles andere als zimperlich mit der hiesigen Bevölkerung umgegangen waren, dürfte mittlerweile allen hinlänglich bekannt sein, die den Buddhismus und den aktuellen Dalai Lama nicht durch die romantisierte und kritikbefreite rosarote Brille betrachten.

Ob die hier gezeigten Bilder aber echte Zeitdokumente oder lediglich chinesische Propaganda waren, vermochte ich nicht zu sagen. Sie zeigten eine erbarmungslose Brutalität, die ihresgleichen suchte.

Anschließend liefen wir noch ein wenig durch den unglaublich langweiligen und blässlich wirkenden chinesischen Teil Lhasas. Auch dieser Tag war ein Feiertag in Tibet; Purpo hielt es daher für keine gute Idee, jetzt noch in die Altstadt zu gehen. Damit gehörte der Rest des Tages der Tristesse meines Hotelzimmers. Wie gesagt war es mir untersagt, mich allein durch die Stadt zu bewegen.

Am nächsten Morgen fuhren wir zum Drepung-Kloster, rund acht Kilometer westlich von Lhasa. Es handelte sich dabei um eine der größten Klosteranlagen der Welt und eine der wenigen, die die chinesische Kulturrevolution fast unbeschadet überstanden hatten. Bis ins letzte Jahr hinein hatten dort noch circa 600 Mönche gelebt. Die chinesische Regierung vermutete aber, dass von eben diesem Kloster zu den letztjährigen Demonstrationen aufgerufen worden war. Nun lebten dort daher nur noch 150 Mönche. Der Rest war auf langjährige Meditationsreisen in abgelegene staatliche Einrichtungen geschickt worden, die in Sachen Komfort, Verpflegung und medizinische Versorgung sicherlich durchgehend 0-Sterne-Rezensionen bekommen hätten.

Die Klosteranlage war wirklich sehr schön. Ich genoss den tollen Ausblick auf Lhasa und die dahinterliegenden Berge. Bisher hatte ich auf Innenaufnahmen der Klöster verzichtet. Aber jetzt rang ich mich dazu durch, rund vier Euro für zwei Räume abzudrücken. Allein für das

Schild mit der Aufschrift „Please don't come in woman this chapel" war es das wert.

Nach etwa zweieinhalb Stunden Aufenthalt im Kloster übermannte mich der Buddha-Statuen-Lama-Mönche-Overkill. Ich wollte nur noch raus. Außerdem hatte ich Hunger. In der Altstadt aßen wir in einer versifften Garküche mit Fleisch gefüllte Teigtaschen. Purpo bekamen die gar nicht; er verschwand erstmal für längere Zeit auf der Toilette. Als es ihm etwas besser ging, spazierten wir eine Zeit lang durch die Altstadt Lhasas. Mittlerweile war das Fotografieren hier nahezu unmöglich, da jede noch so kleine Gasse mit Soldaten zugestellt war.

Während das Militär zumeist durch blutjunge Milchgesichter vertreten wurde, war das Erscheinungsbild der Polizisten ein völlig anderes. Oft übergewichtig, eine vernarbte und von Gewalt gezeichnete Visage, und sie trugen gerne eine gefakte Ray Ban-Fliegersonnenbrille auf der Nase und eine ebenso falsche goldene Uhr am Handgelenk – sie waren die fleischgewordene Provokation für die Tibeter hier im Herzen Lhasas. Diese Typen waren auch in ziviler Kleidung ohne Mühe als die willfährigen, skrupellosen Büttel ihrer Regierung zu erkennen. Mich beobachteten sie immer und ausnahmslos mit äußerstem Misstrauen. Purpo wurde spürbar sehr nervös, wenn wir auf diese Typen stießen.

Kurze Zeit später sah ich, wie sich die ersten Panzerwagen durch die Straßen schoben. Die Stimmung im tibetischen Teil der Stadt war beklemmend und feindselig.

Wir liefen durch die überaus engen Gassen, bis wir, in einer versteckten Nebenstraße gelegen, das einzige Nonnenkloster der Stadt erreichten. Ich fühlte mich dort sofort wohl, auch weil wir für eine kurze Zeit der feindseligen

Atmosphäre der Stadt entfliehen konnten. Die Nonnen waren außerordentlich freundlich und nett. Auffällig war, dass dieses Kloster viel sauberer war als sämtliche Klöster der Mönche, wo sehr offensichtlich niemals Staub gewischt und der Müll nur sehr unregelmäßig entsorgt wurde.

Meinen letzten Abend verbrachten Purpo und ich im New Mandala-Restaurant nahe des Barkhor-Platzes. Ich saß am Fenster, schaute über den Platz auf die riesigen Berge hinter Lhasa, während die Sonne unterging und die kleinen weißen Häuser in ein pastellfarbenes Licht tauchte.

Am nächsten Morgen fuhren wir die rund 45 Kilometer zum Flughafen, der in der Nähe der Stadt Gonggar liegt.

Ich verabschiedete mich mit Wehmut von Purpo und saß schon bald in einem Airbus A330. Während der Startphase wurde das riesige Flugzeug von sehr heftigen Windböen immer wieder runtergedrückt. Der Pilot musste richtig dagegen ankämpfen. Im Flugzeug herrschte eine Friedhofsstille. Ich hatte schweißnasse Hände. Als wir endlich auf Reiseflughöhe gestiegen waren, normalisierte sich wieder alles – auch mein Puls.

Wir landeten um 14.00 Uhr in Chengdu, wo mich bereits Ming erwartete. Auf dem Weg ins Hotel bauten wir wieder einen Verkehrsunfall. Folglich standen wir etwa eine Stunde auf der sehr stark befahrenen Straße vom Flughafen in Richtung Innenstadt. Irgendwann später erreichten wir dann endlich das Garden City-Hotel, in dem ich die nächsten vier Nächte verbringen durfte. Mein Zimmer in der 19. Etage bot eine hervorragende Aussicht auf die unzähligen Baustellen und Baukräne im Umkreis. Das Hotel befand sich zudem noch sehr zentral in der Innenstadt.

Und mehr Positives kann ich über diese Absteige beim besten Willen nicht berichten. Über Chengdu allerdings auch nicht.

Ich ließ mich mit den Menschenmassen ziellos durch die Innenstadt treiben. Es war kalt und diesig, es regnete und die Luft roch nach Abgasen. Tausende Autos wälzten sich wie riesige Blechschlangen über die zehnspurigen Straßen, immer in Begleitung von endlosen Fahrradkolonnen, Mofas, Mopeds und Motorrädern. Auf dem zentralen Tianfu-Platz, mitten in Chengdu, befand sich eine riesige, 30 Meter hohe Mao Zedong-Statue, die mit ihrem hocherhobenen rechten Arm genau in die Richtung zeigte, in der mein Hotel lag. Das war ganz praktisch, sollte ich mich mal verlaufen. Ich musste nur die Statue finden und schon wusste ich, wie ich wieder zurück zu meiner Unterkunft gelangte.

So verbrachte ich die vier Tage damit, die Stadt mit meinen Füßen zu durchmessen. Ich suchte mir morgens eine Himmelsrichtung aus und lief ohne Ziel drauflos, Kilometer für Kilometer.

Ich erkundete herrliche Parks und beobachtete die Menschen. Öfters erntete ich neugierige und interessierte Blicke, aber es sprach in Chengdu kaum jemand Englisch und niemand schien davon auszugehen, dass ich Chinesisch spreche. Aber egal, wo ich war, ob in den kleinen Teehäusern, den Überresten der Altstadt oder den überfüllten öffentlichen Bussen, es gab nicht einen Moment, in dem ich mich unwohl gefühlt hätte. Bis auf meine Zeit in Lhasa habe ich mich auf meinen vielen Reisen nach China immer sehr wohl gefühlt.

Tibet war auf jeden Fall sehenswert. Über die politische Situation, mit der man auf einer solchen Reise zwangsläufig konfrontiert wird, gibt es sicherlich viele unterschiedliche Meinungen und Perspektiven.

Dieses Buch ist aber der falsche Ort, um mich intensiv mit der politischen Lage zu befassen. Es mag sich jeder ein eigenes Bild davon machen.

Durch die besondere Situation war meine Zeit in Tibet jedenfalls einzigartig. Und irgendwann werde ich ganz sicher wiederkommen.

Bhutan

2015 war es wieder an der Zeit, etwas Verrücktes zu unternehmen. Bei meinen Recherchen „stolperte" ich immer wieder über Bhutan. Dieses winzige Land, das irgendwo zwischen Nordostindien und Tibet liegt, war in etwa so groß wie die Schweiz und zählte lediglich 800.000 Einwohner. Äußerst sympathisch fand ich schon immer, dass in Bhutan das sogenannte Bruttosozialglück erhoben wird. Die Bhutaner meinten das wirklich ernst und die Regierung verschickte in unregelmäßigen Abständen umfangreiche Fragebögen mit circa 750 Fragen an die Bevölkerung, um diesen Index zu ermitteln. Bhutan war in vielerlei Hinsicht ein wenig sonderbar, um es vorsichtig auszudrücken.

Was Bhutan besonders macht:
- Das wohl schärfste Nichtrauchergesetz der Welt
- Fernsehen war bis ins Jahr 1999 hinein verboten
- Es pflegt weder zu China noch zu Taiwan diplomatische Beziehungen
- Auf dem Staatsgebiet befindet sich der höchste noch nicht bestiegene Berg der Welt – der Gangkhar Puensum mit 7570 Meter

Übrigens hatte Bhutan seine Bevölkerung innerhalb von drei Tagen komplett gegen COVID-19 durchgeimpft und war somit sogar noch schneller als Israel.

Diplomatische Beziehungen zu Deutschland hatte Bhutan erst Ende 2020 aufgenommen.

Mich faszinierte das „Land des Donnerdrachens" – das ist die offizielle Übersetzung des Wortes Bhutan – jedenfalls sehr. Da wollte ich hin.

Zufällig stieß ich zu jener Zeit auf die Website eines Reiseanbieters, der sich auf Fahrradtouren auf allen fünf Kontinenten spezialisiert hatte. Die zweithärteste Tour im Angebot war eine Tour mit dem Mountainbike quer durch Bhutan. Der Vollständigkeit halber sei erwähnt, dass die härteste Tour über 5.000 Meter hohe Pässe irgendwo im Norden Indiens verlief.

Damals war ich fit, so dachte ich jedenfalls. Ich joggte wöchentlich 40 Kilometer und fuhr circa 2.000 Kilometer pro Jahr mit dem Mountainbike. Gelegentlich lief ich sogar eine Halbmarathondistanz.

Ich fühlte mich also gerüstet und vorbereitet für Bhutan. Außer mir sollten noch zwei Pärchen mitfahren, von denen eines aber kurz vor Reisebeginn absagte. Wir waren also zu dritt. Ich war sehr gespannt, wer meine Mitreisenden waren.

Ende September ging es los. Ich flog zunächst nach Bangkok und musste dort eine Nacht bleiben. Hier lernte ich auch meine beiden Mitreisenden Andrea und Uli kennen. Die beiden waren mir sofort sympathisch und wir kamen den Rest der Reise ganz hervorragend miteinander aus. Wir musterten einander zunächst, um unser jeweiliges Fitnesslevel abzuschätzen. Die beiden befanden sich zwar schon in ihren Fünfzigern, aber machten einen sehr durchtrainierten Eindruck.

Sie führten eine große Steuerberatungskanzlei im Osten Deutschlands und trieben ausnahmslos jeden Tag viel Sport, wie sie mir beim Abendessen in Bangkok erzählten. Ich fühlte mich zwar gut vorbereitet, dennoch beschlichen mich erste leise Zweifel, ob ich mit Andrea und Uli würden mithalten können. Wir gingen an diesem Abend früh schlafen, da unser Flug für 04.00 Uhr morgens angesetzt war. Über Assam in Indien sollte es nach Paro in Bhutan gehen.

Der Anflug auf Paro war unglaublich spektakulär. Wir flogen minutenlang mit unserer uralten Airbus A317 durch enge Täler, haarscharf an den saftig-grünen Bergen vorbei, bis wir endlich auf dem kleinen Flugplatz von Paro landeten.

Angeblich gab es nur acht Piloten auf der Welt, die eine Landeerlaubnis für Paro besaßen.

Nach einer völlig problemlosen Einreiseprozedur, wurden wir von Jankok empfangen, einem circa vierzigjährigen Bhutaner mit einem runden Gesicht und wachen Augen, der der Fahrer des Begleitbusses dieser Tour war. Jankok war zurückhaltend, aber dennoch sehr kommunikativ und freundlich. Er hatte drei Kinder und war sehr gläubig. Er trug den für dieses Land so typischen Gho, ein Kleidungsstück, das aussieht wie ein langer Bademantel und durch hochgezogene dunkle Kniestrümpfe komplettiert wird.

Jankok brachte uns sicher über eine äußerst kurvenreiche Straße bis in die 45 Kilometer entfernte Hauptstadt Thimphu. Hier checkten wir in einem ordentlichen Hotel mitten in der Innenstadt ein. Anschließend begaben wir uns sofort auf den Weg, um unsere Mountainbikes in Empfang zu nehmen. Wir fuhren quer durch die Stadt zu einer kleinen Fahrradwerkstatt, die einen absurd chaotischen Eindruck erweckte. Hier durften wir aus circa einem Dutzend Fahrräder auswählen, die allesamt Schrott waren.

Wir wollten einmal quer durch Bhutan fahren und dabei waren Pässe in bis zu 3.600 Meter Höhe zu überwinden. Wir benötigten also gute und zuverlässige Fahrräder. Unser Guide Sonam, der mit uns die Tour machen sollte, war 27 Jahre alt, gertenschlank, stellte zumeist einen meistmürrischen Gesichtsausdruck zur Schau, hatte laut eigenen Angaben erst ein paar Mal überhaupt auf einem Fahrrad gesessen und hatte überdies auch überhaupt keine Ahnung von der geplanten Tour, geschweige denn Ortskenntnisse. Er hatte seinen Bachelor in Verwaltungswirtschaft an einer FH in Indien absolviert und war nun arbeitslos. So war er aus Verzweiflung als Fahrradguide bei unserer Reiseagentur gelandet. Unsere Tour sollte seine erste sein ...

Noch war ich recht gelassen. Es konnte schon nicht so schlimm werden, wie es sich gerade anfühlte.

Wir suchten uns die drei besten Bikes aus und mussten zunächst alle Reifen aufpumpen. Es stellte sich heraus, dass Sonam nicht wusste, wie man einen Fahrradreifen aufpumpte. Weiterhin hatte er sich vorgestellt, dass er mit unserem Begleitbus mitfahren könnte. Das redeten wir ihm schnell aus. Wenn wir schon einen Guide bezahlten, musste der auch mit uns Fahrradfahren. Sonam war sauer und stritt sich daraufhin recht lautstark mit Jankok, dem Fahrer des Begleitbusses.

Das half aber nichts, und so suchten wir für ihn ein weiteres Fahrrad aus und drückten es ihm aufs Auge. Wir drehten ein paar Testrunden auf dem Hof. Im Grunde war alles an unseren Fahrrädern zu beanstanden: Die Bremsen waren verschlissen, die Reifen ohne Profil, die Sättel schrottreif, die Schaltungen hakelig bis defekt. Wir tauschten so lange Teile und schraubten und reparierten an die-

111

sen abgerockten Drahteseln herum, bis wir einigermaßen zufrieden waren.

Während wir also damit beschäftigt waren, die Fahrräder flott zu bekommen, versuchte Jankok, für unseren Guide passende Funktionskleidung aufzutreiben. Sonam besaß nämlich nur einen Gho, also diesen für Bhutan so typischen langen Mantel, und ein paar Halbschuhe. Als er dann fertig ausgestattet war, wagten wir eine kleine Testfahrt durch die Stadt und von dort aus rauf bis zur neugebauten Buddhastatue, die auf knapp 3.000 Meter Höhe ein paar Kilometer vor der Stadt lag. Das vermittelte uns einen ersten Eindruck, was es bedeutete, in diesen Höhen Fahrrad zu fahren. Der bald einsetzende Regen sollte in der kommenden Zeit ein treuer Begleiter werden.

Unsere Fahrräder waren nach wie vor der letzte Schrott. Wir bezweifelten ernsthaft, dass wir mit ihnen weiter als 50 Kilometer kommen würden. Ich hatte von Zuhause einen breiten und dick gepolsterten Altherrensattel mitgebracht, den ich mir auf das altersschwache Rad geschraubt hatte. Das sah zwar total lächerlich aus, aber damit ließ es sich recht ordentlich fahren und ich war zumindest die erste Zeit vor unangenehmen Schwielen und Blasen an meinem Hinterteil gefeit.

Sonam hatte von Anfang an große Schwierigkeiten, mit dem Fahrrad und dem Verkehr klarzukommen. Dauernd fiel er zurück, weil er sich verschaltete. Ein Problem war, dass er anfangs die steilen Wege immer im höchsten Gang fuhr. Gegen unsere gutgemeinten Tipps und Ratschläge zeigte er sich beratungsresistent. Er war noch immer verärgert, dass er nicht im Bus mitfahren durfte.

Abends trafen wir uns mit Nadine, einer Schweizerin, in einem einheimischen Lokal zum Essen. Sie hatte einen

Bhutaner geheiratet und leitete nun eine hiesige Reise-agentur, die sich auf Rundreisen quer durchs Land spezialisiert hatte. Anscheinend gab es nur wenig bis gar keine Verrückten, die sich auf das, was wir vorhatten, einließen. Jedenfalls fiel ihre Antwort auf meine Frage, wie viele vor uns bereits diese Fahrradtour gemacht hätten, recht einsilbig aus.

Den nächsten Tag verbrachten wir noch in Thimphu, wo wir eine weitere Probefahrt absolvierten. Immerhin befand sich die Stadt auf etwas mehr als 2.300 Meter Höhe; die dadurch erhöhte Anstrengung bei jeder Bewegung war sofort spürbar.

Wir radelten zu einem Kloster am Ende des Thimphu-Tals. Nachdem wir die Stadt verlassen hatten, durften wir erfahren, wie vollkommen rücksichtslos die Autofahrer und insbesondere die zahllosen indischen Trucker durch Bhutan bretterten. Es schien, als machten sie sich einen Spaß daraus, möglichst eng und mit nur wenigen Zentimetern Abstand an uns vorbei zu brausen.

Wir atmeten rußige Abgase ein und ich fühlte mich nach wenigen Kilometern wie ein lungenkranker Greis. Mein Mund schmeckte nach Diesel und schon bald war meine Haut mit einer dünnen, schwarzen Staubschicht bedeckt, die mit dem einsetzenden Regen einen schmierigen Film bildete. Es fühlte sich wie Seife auf meiner Haut an, roch aber nicht so gut.

Je weiter wir aus Thimphu hinausfuhren, desto schlechter wurden die Straßen. Die Wege waren sehr steil, viel steiler als bei uns. Wir krochen mit durchschnittlich zehn Stundenkilometern über den löchrigen Asphalt und bald schon fuhren wir über unbefestigte Feldwege durch einen bezaubernden Wald und erreichten nach circa zweieinhalb Stunden endlich das Kloster.

Hier trafen wir auf eine Gruppe deutscher Touristen, allesamt im Rentenalter und, im Gegensatz zu uns, sehr sauber und adrett gekleidet. Als wir erzählten, was wir hier in Bhutan taten, schauten sie uns an, als wären wir eine Horde Aliens, die gerade mit ihrem Raumschiff gelandet waren. Ihre Blicke sprachen Bände.

Sie wünschten uns viel Glück. Ich merkte, dass das ehrlich gemeint war.

Sonam hatte auf den letzten 20 Kilometer bergauf noch immer nicht gelernt, die Schaltung zu bedienen, und trotz seiner jungen Jahre lief ihm der Schweiß in Strömen über das Gesicht. Ich war gespannt, wie das mit ihm weitergehen würde. Ulis Rad ließ sich gar nicht mehr schalten, und bei meinem Drahtesel lösten sich mehrere Schrauben. Das Fahrrad drohte jeden Moment auseinanderzufallen. Mein Lenker entwickelte eine gewisse Eigendynamik und drehte sich bei jeder Kurve mit. Das war gefährlich. Die Schrauben ließen sich nicht mehr festziehen, da sie allesamt durchgedreht waren. Wir hatten jetzt circa 20 Kilometer überwunden und dabei rund 640 Höhenmeter bewältigt. Ich machte mir Sorgen, mit diesem Haufen Müll die überaus steilen Wege wieder hinabfahren zu müssen. Zu allem Übel waren die Bremsbacken bereits völlig abgenutzt, wie ich mit bangem Blick feststellte.

Als wir wieder heil zurück in Thimpu angelangten, versprach uns unsere Reiseveranstalterin Nadine, dass der Fahrradverleih eine Nachtschicht einlegen würde, um die Fahrräder in einen halbwegs vernünftigen Zustand zu bekommen. Mir fehlte der Glaube daran, aber ich sagte nichts, um nicht schon vor Beginn der Tour als Spielverderber dazustehen.

Am nächsten Morgen sahen die Räder genauso aus wie am Vortag. Es war nichts an den Mountainbikes gemacht worden. Wir weigerten uns, mit diesen Dingern die Tour zu fahren. Also gingen wir in das einzige Fahrradgeschäft hier in Thimpu und kauften auf Kosten des Veranstalters zwei neue Fahrräder, die umgerechnet jeweils 400 Euro kosteten. Das waren die besten, die dieser Laden zu bieten hatte. Die Drahtesel als billig verarbeitet zu bezeichnen, wäre die Untertreibung des Tages gewesen. Aber immerhin stachen sie jene Bikes aus, mit denen wir uns die letzten eineinhalb Tage herumgeschlagen hatten. Hey, wir befanden uns im Land des Bruttosozialglücks und unser Fahrer betete jeden Tag zwei volle Stunden lang. Was sollte schon schiefgehen?

Andrea war mit ihrem Rad zufrieden, also schnappten Uli und ich uns die neuen Fahrräder. Sonam erhielt von der Fahrradwerkstatt ein anderes Bike, bei dem die Schaltung ein wenig besser funktionierte.

Im Anschluss startete unsere Tour; wir brachen gen Osten auf. Trotz der Euphorie, dass es jetzt endlich losging, begleitete mich ein mulmiges Gefühl in der Magengegend.

Wir fuhren zunächst einige Kilometer durch Thimpu, bevor die Straßen schlechter und immer steiler wurden. Die nächsten 22 Kilometer ging es sehr steil bergauf bis zum Dochula-Pass auf 3.200 Meter Höhe. Für bhutanische Verhältnisse war die Straße bis dorthin immer noch ausnehmend gut. Wir ahnten nicht, was in den nächsten Tagen auf uns zukommen würde.

Es begann zu regnen und schon bald schüttete es wie aus Kübeln, so dass wir kurz vor dem Dochula-Pass Zuflucht in einer baufälligen Bretterbude suchten, die hier als Restaurant durchging. Im einzigen, völlig verstaubten Gastraum tranken wir Tee, um uns aufzuwärmen und das Ende des Regenschauers abzuwarten.

Mir war die Pause willkommen, denn ich fand es jetzt schon sehr anstrengend, diese steilen und zunehmend schlechten Straßen hinaufzufahren. Als wir gegen Mittag den Pass erreichten, wurden wir wieder von zahlreichen Touristen angesprochen. Die fanden uns alle extrem mutig und wir mussten einige Fotorunden über uns ergehen lassen. Sie dachten wahrscheinlich, dass sie innerhalb der nächsten Woche einen Nachruf über jene vier Spinner lesen würden, die es gewagt hatten, mit billigstem Equipment quer durch Bhutan zu fahren.

Jankok hatte uns am Vortag erzählt, dass man vom Dochula-Pass einen schönen Ausblick auf vier 7000er habe – leider nicht heute. Es war nebelig wie an einem verregneten Novembertag irgendwo in Deutschland.

Wir fuhren in der Folge praktisch durch die Wolkendecke, was die Sicht auf vielleicht 500 Meter begrenzte. Wir sahen nichts außer Wäldern. Das Wetter war so trüb wie meine Vorahnung, denn bald würde es wieder steil bergab gehen. Zudem war es bitterkalt.

Wir passierten 108 kleine Stupas, die im Jahr 2003 zu Gedenken an gefallene bhutanische Soldaten aus irgendeiner der zahlreichen kriegerischen Auseinandersetzungen erbaut worden waren.

Wir aßen zu Mittag, schauten uns die Stupas an und setzten unsere Tour fort. Ab jetzt ging es 40 Kilometer steil bergab, von 3.200 Meter auf 1.250 Meter Höhe. Das mochte sich nach Spaß anhören, war aber tatsächlich weit davon entfernt. Ursprünglich musste es so etwas wie Asphalt auf der Straße gegeben haben, der war aber im Laufe der Zeit großflächig verloren gegangen. So fuhren wir meist auf Sand, Geröll, Schlamm und Asphaltresten mit Schlaglöchern, so groß, dass sich spielende Kinder darin hätten verstecken können.

Mit bangem Blick beobachtete ich die billigen Bremsbacken an meinem Fahrrad, die sich bei dieser immensen Belastung Schicht um Schicht verabschiedeten. Es war kalt und der Fahrtwind sowie die Höhe kühlten mich trotz angemessener Fahrradbekleidung schnell aus. Ich trug Handschuhe, aber meine Finger waren schon bald völlig taub. Die Straßen, die auf primitivste Weise in die riesigen Berge gehauen worden waren, waren immer und ausnahmslos an der Hangseite ungesichert.

Meist ging es hier viele hundert Meter senkrecht bergab. Ein einziger Fehler oder eine einfache Unachtsamkeit und ich würde nach ein paar Sekunden im freien Fall vor Buddha treten. Wir bewegten unsere Finger unablässig, um in jedem Moment bremsbereit zu sein. Niemand wollte sich hier verletzen. Im Notfall wäre eine Art Rettungswagen, wenn er überhaupt gekommen wäre, stundenlang unterwegs gewesen. Ein übersehenes Schlagloch und unsere Reise würde sehr schmerzhaft ein jähes Ende nehmen. Ich konzentrierte mich auf die Straße, auf meine Hände und auf die völlig durchgeknallten Lastkraftwagenfahrer, die wie zugekiffte, lebensmüde Geisteskranke umherfuhren.

Zu allem Überfluss passierten wir in regelmäßigen Abständen gewaltige Felsbrocken, groß wie Kleinwagen, die sich regelmäßig aus den hohen Felswänden lösten und im

Verbund mit vielen anderen größeren und kleineren Brocken auf die Straßen stürzten.

Der immer stärker werdende Regen weichte uns bis auf die Knochen auf und verschlechterte massiv unsere Sicht. Schon bald fuhren wir Slalom um Felsbrocken und Schlaglöcher und achteten angestrengt auf die zahlreichen LKW, die uns auf beiden Straßenseiten passierten. Wir fuhren hochkonzentriert, nur Sonam erweckte den Eindruck, als wäre er die meiste Zeit mit seiner Schaltung beschäftigt. Anstatt auf die Umgebung zu achten, schaltete er durch alle Gänge und wieder zurück. Die gutgemeinten Ratschläge von Uli fanden bei ihm erstaunlicherweise kein Gehör. Er hatte auch keine Ahnung, ob wir hier richtig waren. Da das aber die einzige Straße war, hofften wir, dass wir schon bald unser nächstes Ziel, das Dorf Punakha, erreichen würden.

Gegen 16.30 Uhr kamen wir bei unserem Guesthouse etwas außerhalb von Punakha an. Die Zimmer waren völlig spartanisch eingerichtet, aber sauber. Uli, der zuhause in Deutschland nach jeder Radtour sein Fahrrad gründlich säuberte, sorgte dafür, dass unsere völlig verschlammten Mountainbikes gereinigt wurden. Ich hätte das wohl nicht mehr geschafft, dafür war ich einfach zu müde. An diesem Tag hatten wir 65 Kilometer zurückgelegt und dabei 1.250 Höhenmeter bewältigt. Nach einem schnellen Abendessen ging ich in mein Zimmer und fiel kurz darauf in einen traumlosen Schlaf.

Am nächsten Morgen wollten wir ein paar kleinere Touren in der näheren Umgebung machen. Als ersten fuhren wir zu einem Dzong. Das sind teils riesige Kloster, konstruiert wie große Burgen oder Festungen. Der Punakha-Dzong liegt an einem großen Fluss und war sehr beeindruckend. In früheren Zeiten war er Krönungsort der Drachenkönige und bis 1965 sogar Regierungssitz gewesen.

Der vollständige Name lautet Pungtang-Dechen-Photrang-Dzong, was übersetzt so viel wie „außerordentlich ehrfurchtgebietender Dzong-Palast der Glückseligkeit" bedeutet. Das wunderschöne und gewaltige Gebäude war in der Tat überaus ehrfurchtgebietend. Die Glückseligkeit konnte ich in der kurzen Zeit, in der wir das Teil von innen besichtigten, leider nicht finden.

Ach ja, zuvor hatte uns unser Fahrer Jankok mitgeteilt, dass wir während unseres Besuchs lange Hosen anzuziehen hätten. Also hatte ich eine Jeans mitgenommen und sie vor dem Klosterbesuch über meine Fahrradshorts gezogen.

Sonam wirkte recht teilnahmslos und lief einfach mit uns mit. Er schien sich immerhin mit seinem Schicksal, die Tour mit dem Rad zu bestreiten, abgefunden zu haben. Wir schauten uns eine buddhistische Gebetsmesse sehr junger Mönche an, die, als sie uns sahen, mehr Interesse an uns als am Beten zeigten. Die Gebetshalle war mit üppig bestickten Teppichen ausgehängt.

Die wichtigste Reliquie im Dzong ist ein Buddha, der aus dem Rückgrat eines heiligen Mönchs geschnitzt wurde.

Unser nächstes Ziel war der recht kleine Dzong des „Verrückten Mönchs" ganz in der Nähe. Dafür mussten wir erstmal einen sehr steilen Anstieg bewältigen, der uns durch ein kleines Dorf führte. Hier gab es Horden von Kindern, die sofort hinter uns herliefen. Einige hatten, sehr zu unserem Leidwesen, großen Spaß daran, sich mit ihrem ganzen Körpergewicht an unsere Fahrräder zu hängen. Dies zwang uns, den krassen Anstieg mit größtmöglicher Geschwindigkeit zu überwinden, um die kleinen Quälgeister schnellstens abzuschütteln. Als wir endlich das Ende des Dorfes erreichten, war ich komplett am Ende. Ich brauchte erstmal eine Flasche Wasser. Für einen kurzen, aber sehr intensiven Moment hasste ich Kinder. Anschließend folgten wir einer abschüssigen Straße in ein zauberhaftes Tal. Die Sonne schien und ich verspürte zum ersten Mal auf dieser Tour so etwas wie Freude auf dem Fahrrad. Bevor wir den Dzong des „Verrückten Mönchs" erreichten, mussten wir ein weiteres Dorf passieren.

Was dort sofort auffiel, waren die zahlreichen Darstellungen der menschlichen Fortpflanzung, die so explizit waren, dass sie bei uns glatt als Pornografie durchgegangen wären. An nahezu allen Hausfassaden entdeckte ich Wandbilder von riesigen und sehr bunten, erigierten Penissen. Die Gebäude waren zum Teil baufällig; die Fassaden blätterten ab. Aber die kunstvoll verzierten Schwänze sahen aus, als wären sie ganz frisch aufgemalt worden.

Wir erreichten den Dzong des „Verrückten Mönchs".

Drugpa Künleg war einer der bedeutendsten Mönche des 16. Jahrhunderts gewesen; er hatte den Buddhismus von Tibet nach Bhutan gebracht. Durch seine außergewöhnlichen Unterrichtsmethoden und seine zweideutigen Lieder erlangte er den Beinamen „Göttlicher Verrückter". Drugpa Künleg kam also eines Tages nach Punakha, um einen Dämon loszuwerden. Dieser Dämon nahm die Gestalt eines Hundes an und wurde dann vom „flammenden Blitz der Weisheit" getroffen, woraufhin er umfiel und starb. Jener flammende Blitz der Weisheit war ein Phallus. Seitdem sind erigierte Penisse in Bhutan ein Symbol für

Wohlstand und Glück und werden an Hausfassaden gemalt, auf Dächern errichtet und sogar an Ketten um den Hals getragen – aus Holz geschnitzt, versteht sich. Die Souvenirshops in den Dörfern bieten entsprechend buntbemalte Holzpenisse in allen erdenklichen Größen feil.

Ach ja, in Punakha wuchs überall Cannabis am Straßenrand; der unverwechselbare Geruch war allgegenwärtig. Die Bhutaner betrachteten diese Pflanze als Unkraut und verfütterten sie meist an die Schweine.

Der Dzong des „Verrückten Mönchs" war aber eher langweilig. So verließen wir den Ort rasch wieder und fuhren unsere nächste Etappe. Die folgenden Kilometer lief es ausnahmsweise entspannt; ich konnte die Fahrt auf den recht ordentlichen Straßen tatsächlich ein wenig genießen. Als wir jedoch das weitläufige Dorf hinter uns ließen und den Fluss Mo Chhu überquerten, wurden die Straßenverhältnisse schlagartig schlechter und wir kämpften uns steil ansteigende Hänge hinauf.

Die einheimischen, zumeist äußerst betagten LKW, Transporter und Pritschenwagen hatten ebenfalls mit den sehr steilen Straßen zu kämpfen und so fuhren wir sehr oft neben oder direkt hinter den altersschwachen Fahrzeugen her und wurden von riesigen Mengen Abgasen regelrecht eingenebelt. Wir mussten höllisch aufpassen, dass wir nicht mit ihnen kollidierten, da die Fahrer von Mindestabständen zu Radfahrern offenkundig noch nie gehört hatten.

Auf den Fahrzeugen, die sich mit uns die Straßen teilten, wurde alles Mögliche transportiert: Tiere, Maschinen, Werkzeuge, Lebensmittel, Menschen jeglichen Alters, Leichen in Särgen oder auch notdürftig in Decken eingewickelt, Möbel, Müll und mehr. In den Stunden, in denen wir uns hier durch die Berge quälten, waren wir für einen kurzen Zeitraum Teil des bhutanischen Alltags. Keiner der Verkehrsteilnehmer schenkte uns groß Beachtung. Wir waren einfach da und gehörten irgendwie dazu.

Es fing wieder an zu regnen und die lehmige Erde auf den Straßen verwandelte sich schnell in einen zentimetertiefen Matsch, der das ohnehin schon beschwerliche Fahren nochmal deutlich erschwerte. Wir wurden langsamer und langsamer und meine Oberschenkelmuskeln brannten wie Feuer. Nach einer gefühlten Ewigkeit erreichten wir endlich unser nächstes Guesthouse, welches direkt neben einem reißenden Fluss stand, der sich mit ohrenbetäubendem Lärm seinen Weg durch das breite Flussbett bahnte.

Auch an diesem Abend tat ich nichts weiter, als mit Andrea und Uli einen Tee zu trinken, ein wenig zu essen und mich sofort ins Bett zu legen. Wir bewältigten an diesem Tag 1.800 Höhenmeter und fuhren insgesamt 45 Kilometer.

Am nächsten Morgen regnete es wie aus Eimern. Es war kalt. Wir wussten, dass es heute hart werden würde. Nach einem reichhaltigen Frühstück ging es los. Im strömenden Regen fuhren wir durch zentimetertiefen Schlamm und kämpften uns Meter um Meter steile Hänge hinauf. Die Wolken hingen wie immer sehr tief – es war nebelig und die Sicht betrug nur wenige Meter. Die Kälte war nach einer halben Stunde nicht mehr zu spüren, denn der Schweiß lief uns in Bächen über Gesicht und Rücken. Jeder Meter, den wir uns durch die braunen Schlammmassen quälten, verursachte Schmerzen in Oberschenkeln und Waden. Regen und Schweiß sorgten dafür, dass wir durchnässt bis auf die Knochen waren und es auch die nächsten endlosen Stunden blieben. Schon bald fielen wir in einen tranceartigen Zustand, der uns maschinenartig in die immer schwerer werdenden Pedale treten ließ.

Dennoch hatten wir unsere Augen überall. Auch hier lösten sich in immer kürzeren Abständen teils riesige Felsbrocken aus den steilen und unübersichtlichen Hängen und fielen beängstigend nah auf die schmale, verschlammte Straße. Wir umfuhren diese bedrohlichen und lebensgefährlichen Brocken im Zickzack und achteten gleichzeitig darauf, nicht links in den Abgrund zu fallen, wo es hunderte Meter steil nach unten ging. Unser ohnehin schon beschleunigter Herzschlag legte noch ein paar Schläge zu. Verbissen und schweigsam kämpften wir uns über den zähklebrigen Untergrund, der unsere Fahrräder wie eine riesige, unsichtbare Faust festzuhalten schien. Die feuchtkalte Luft roch nach Wald und Abgasen der allgegenwärtigen indischen Lastwagen, die uns mit nur wenigen Zentimetern Abstand überholten.

Ich versuchte, diese stinkenden und enorm großen, schwarzen Abgaswolken nicht einzuatmen und hielt jedes Mal die Luft an, wenn uns eines dieser Ungetüme überholte.

Mein Herz hämmerte wie ein Presslufthammer. Ich kämpfte gegen die Erschöpfung, die Höhe, die Luftverschmutzung und meine schwindende Motivation an. Je höher wir kamen – wir befanden uns schon bald jenseits der 2.500 Höhenmeter – desto unbarmherziger kehrte die Kälte zurück und kroch durch meine erschöpften Glieder, die mit jedem Tritt immer mehr ermüdeten. Auf den morastigen Straßen kamen wir mit unseren Rädern weiterhin nur quälend langsam voran. Wir fuhren gerade mal so schnell, dass wir nicht umfielen. Mehr war nicht drin.

Nach etwas mehr als zweieinhalb Stunden und gerade mal 16 gefahrenen Kilometern, erreichten wir in diesen endlos scheinenden Wäldern das Ende eines Staus. Wir stiegen von den Rädern, froh über die willkommene Abwechslung und erfuhren, dass etwas weiter vorne eine riesige Schlammlawine abgegangen war und nun den Weg versperrte. Ein Bagger sollte wohl schon unterwegs sein, um das Hindernis beiseite zu schaufeln. Wir beratschlagten, wie es jetzt weitergehen sollte, und fuhren dann bis dorthin vor, wo der Erdrutsch abgegangen war. Große Erdmassen und ausgerissene Bäume hatten sich zwei Meter hoch aufgetürmt – die Straße war unpassierbar. Jedenfalls für Autos und LKW. Wir schnappten uns kurzerhand unsere Fahrräder und kletterten über das Hindernis. Auf der anderen Seite setzten wir unseren beschwerlichen Weg fort. Das hatte einen Vorteil: Jetzt gab es erstmal deutlich weniger Verkehr und somit eine von vielen Gefahrenquellen weniger.

Regen, Regen, Regen. Nach weiteren zwei Stunden erreichten wir ein kleines, einfaches Restaurant. Wir kehrten ein und trafen auf eine Handvoll deutsche Touristen, die sich hier äußerst bequem durch die Gegend schaukeln ließen. Alle waren gut angezogen und vor allen Dingen sauber. Das konnte man von uns nicht behaupten. Eine übelriechende Mischung aus Schweiß und Regenwasser tropfte aus unseren völlig durchgeweichten und verdreckten Klamotten auf den sauberen Linoleumboden. Alle schauten uns mit einer Mischung aus Neugierde und Ekel an. Ich nahm es ihnen nicht übel. Tatsächlich wirkten wir in unseren kurzen, hautengen Funktionsklamotten vollkommen deplatziert.

Ein paar der Touristen nahmen ihren Mut zusammen und sprachen uns an. Die offenkundigste Frage kam recht schnell: Wie könne man nur so verrückt sein, hier mit dem Fahrrad durchzufahren? Ich saß ein wenig abseits und fand die Frage zu diesem Zeitpunkt völlig plausibel. Aber nach einem warmen Tee und ein wenig Reis mit Gemüse kehrten meine Lebensgeister zurück und alle Gedanken, die nach Kapitulation schrien, verschwanden wieder.

Eine gute halbe Stunde später ging es weiter. Der klebrige Matsch auf den Straßen wurde immer tiefer und zäher. Traten wir zu heftig in die Pedale, drehten sofort die Räder durch, wodurch wir noch langsamer wurden, als wir ohnehin schon waren. Das ging sowohl körperlich als auch mental an die Substanz. Ich versuchte mich abzulenken und sang im Kopf obskure Lieder aus den 70ern und 80ern wie *Golden Earring: Twilight Zone* oder *Henry Paul Band: Grey Ghost*.

Irgendwann erreichten wir eine Art Gabelung. Beide Abzweigungen führten steil nach oben. Es gab aber keine Beschilderung. Das Begleitfahrzeug steckte aber noch vor dem letzten Erdrutsch fest. Unsere Blicke hefteten sich erwartungsvoll an unseren Guide, aber wohl eher aus verzweifelter Hoffnung als aus Vertrauen in seine Ortskenntnisse. Die waren nämlich nicht vorhanden, was mir in diesem Moment mit einem gewissen Schrecken wieder einfiel. Das war wie gesagt seine allererste Tour als Guide in dieser selbst für bhutanische Verhältnisse restlos abgelegenen, gottverlassenen Gegend.

Mit großem Selbstbewusstsein zeigte Sonam auf den rechten Weg. „This way", meinte er.

„Are you sure?", hakte ich zweifelnd nach.

„Yes", meinte er lapidar.

Schulterzuckend machten wir uns dann auf den von ihm auserwählten Weg, um nach einer dreiviertel Stunde Quälerei über einen brutal steilen Feldweg festzustellen, dass dieser abrupt endete. Wir fuhren zurück bis zur Gabelung und nahmen die andere Abzweigung, von der Hoffnung beseelt, uns hier in dieser verlassenen Gegend irgendwo in den Himalaya-Ausläufern nicht verfranzt zu haben. Allmählich sorgte ich mich, ob wir es bis zum Einbruch der Dunkelheit zu unserem Guesthouse, das sich irgendwo in den schwarzen Bergen befand, schaffen würden.

Wir waren alle drei wütend auf unseren Guide, der sich zunehmend als Belastung erwies. Aber es half nichts, wir mussten da jetzt durch. Irgendwann erreichten wir unseren Pass auf 3.359 Meter Höhe. Wir drehten völlig erschöpft eine Runde um den Stupa und gingen dann ein paar Schritte zu Fuß, um unsere gestauchten Körper zu strecken. Wir hatten an diesem Tag bisher 45 Kilometer zurückgelegt.

Nach einem kleinen Snack und einem Becher lauwarmen Tees ging es dann erstmal bergab weiter. Ich war froh, dass die Quälerei ein Ende gefunden hatte, und freute mich auf die Fahrt hinunter ins Tal.

Nach 100 gefahrenen Metern war es das mit meiner Freude schon gewesen. Sie wich einer massiven Besorgnis, ob ich die kommenden sehr steil abfallenden Kilometer überhaupt unfallfrei überstehen würde.

Ich war völlig durchnässt und erschöpft und kühlte durch den Fahrtwind noch weiter aus. Es wurde so ungemütlich, dass ich anfing, stark zu zittern. Ich befürchtete, mein Rad nicht mehr unter Kontrolle zu haben. Der Regen nahm weiter zu und entwickelte sich zu einem dauerhaften, sintflutartigen Schauer, der mir schon bei geringeren Geschwindigkeiten fast komplett die Sicht raubte. Ich konnte meine Finger kaum noch bewegen, was mich sehr beunruhigte, da ich nur noch mit großer Mühe die Bremsen bedienen konnte.

Wir zogen alles an, was wir an Klamotten mit uns führten. Die Straße war so abschüssig, dass wir mit unseren steifgefrorenen Fingern permanent hart in die Bremsen greifen mussten. Ich hoffte, dass meine Kräfte nicht weiter schwanden. Viel zu schnell umkurvten wir die bedrohlich in der Straße prangenden und sehr tiefen Schlaglöcher, die hier in großer Anzahl den völlig maroden Asphalt durchlöcherten. Aber wir mussten uns beeilen, sonst würden wir in dieser einsamen und menschenleeren Gegend bald im Dunkeln radeln, und davor hatten wir alle Angst. Die ohnehin schon schlechte Sicht nahm durch die einsetzende Dämmerung noch weiter ab. Meine Sehfähigkeit war mittlerweile so, als hätte ich meinen Kopf unter Wasser getaucht.

Mental war meine Grenze erreicht. Ich geriet in einen Zustand völliger Gleichgültigkeit. Ich war davon überzeugt, noch eine sehr lange Zeit im strömenden Regen über zerstörte Straßen steil bergab radeln zu müssen. Ich ergab mich meinem Schicksal und tat nichts anderes mehr als gelegentlich zu bremsen und Slalom zu fahren. Irgendwann – es war bereits dunkel – erreichten wir ein Dorf. Wir hielten kurz an, ungläubig, dass unsere Tortur ein Ende gefunden haben sollte.

Sonam sagte, dass am anderen Ende des Dorfes unser Guesthouse liege. Noch immer schüttete es ohne Unterlass. Ich fror so stark wie noch nie in meinem Leben, aber das lag wohl auch an meiner völligen Erschöpfung. Jetzt, so kurz vor Ende dieser bisher härtesten Etappe, rissen wir uns nochmal zusammen, in der Hoffnung, dass wir nach wenigen hundert Metern endlich mit einem Becher Tee in der Hand an einem warmen Ofen sitzen würden.

Wir fuhren weiter, vorbei an heruntergekommenen Häusern mit gigantischen Schwänzen auf den Fassaden. Kühe und Ochsen standen im strömenden Regen auf dem matschigen und zugeschissenen Weg und glotzen uns an. So fuhren wir Kilometer um Kilometer weiter.

Von einer Unterkunft war weit und breit nichts zu sehen. Es gab keine Beleuchtung und die Gefahr, gegen eine Kuh zu fahren oder in eines der Schlaglöcher zu stürzen, wurde immer größer. Nach circa fünf Kilometer, für die wir eine knappe Stunde benötigt hatten, erreichten wir endlich das Guesthouse. Wir waren zu entkräftet, um erleichtert zu sein oder gar Freude zu empfinden. So stellten wir einfach unsere verschlammten und verdreckten Räder ab. Unser Begleitfahrzeug hatte es auch schon bis hierhergeschafft und ein überaus ausgeruhter, sauberer und trockener Jankok begrüßte uns.

Als er uns sah, erschienen allerdings Sorgenfalten auf seiner Stirn, weil wir einen entsetzlichen Anblick abgaben. Wir schleppten uns auf unsere Zimmer und ich nahm erstmal eine lange und heiße Dusche in vollkommener Dunkelheit, da der Strom ausgefallen war. Ich zog ein paar frische und vor allen Dingen trockene Sachen aus meinem Koffer an und langsam kam ein wenig Leben in meine geschundenen Glieder.

Das Zeug, das ich auf dieser Etappe am Leib getragen hatte, war kaum mehr zu gebrauchen. Im Bad konnte ich Shirt und Hose über dem Waschbecken auswringen, aber sauber bekam ich die Sachen nicht. Kurz darauf riefen mich Andrea und Uli auf ihr Zimmer. Dort gab es erstmal einen Schluck Whisky, den sie in unserem Begleitfahrzeug verstaut hatten. Der Alkohol stieg mir sofort in den Kopf und erzeugte zudem ein sehr wohliges Gefühl in der Magengegend. Langsam fühlten wir uns wieder ein wenig besser. Allerdings saßen wir immer wieder im Dunkeln, weil die starken Regengüsse andauernd die meist offenliegende Elektrik lahmlegten.

An jenem Tag waren wir 65 Kilometer gefahren und hatten dabei 2.200 Höhenmeter bewältigt. Andrea und Uli waren schon auf der ganzen Welt Fahrrad gefahren, beispielsweise in Usbekistan und den Alpen. Beide meinten übereinstimmend, dass die Etappe an diesem Tag die härteste jemals von ihnen gefahrene Tour gewesen sei. Nach einer Tasse Tee legte ich mich ins Bett und fiel in einen traumlosen Schlaf.

Am nächsten Morgen wurde ich um 06.30 Uhr wach. Ich lag im Bett und dachte an den Vortag. Ich wusste, dass es heute nicht viel besser werden würde. Trotz des erholsamen Schlafes schmerzte jeder Muskel in meinem Körper. Meine Motivation, auf das Rad zu steigen, war gleich null. Die Vorstellung, den ganzen Tag im warmen Begleitfahrzeug abzuhängen und völlig entspannt, sauber und trocken im nächsten Guesthouse anzukommen, war auf einmal sehr verlockend. Mit diesen charmanten Gedanken im Kopf stand ich auf und stellte als Erstes fest, dass meine Funktionskleidung von gestern noch nass war. Das war natürlich ganz schlecht, da ich zumindest die Hose heute nochmal anziehen wollte.

Ich entschied mich – falls ich denn fahren sollte – dass ich mit einer Radhose aus meinem Schmutzwäschebeutel wahrscheinlich besser dran war. Ich stellte aber schnell fest, dass die nicht umsonst bei der Schmutzwäsche lag – egal. In Ermangelung an Alternativen zog ich sie an und nahm mir vor, anderen Menschen nicht zu nahe zu kommen.

Ich ging zum Frühstückssaal und traf dort meine beiden überaus gutgelaunten Begleiter. Sie freuten sich sehr auf den heutigen Tag und ich fragte mich unwillkürlich, ob die beiden in der vergangenen Nacht das Gras vom Straßenrand geraucht hätten. Jankok, der sich hier im Gegensatz zu unserem Guide etwas auskannte, erklärte, dass es heute nicht so anstrengend werden würde. Es gab deutlich weniger Höhenmeter zu bewältigen und außerdem regnete es nur noch leicht. Ich verwarf meine ursprünglichen Gedanken und ließ mich von der Begeisterung anstecken. Weniger Regen, weniger Höhenmeter, weniger Kälte, weniger Schmerz – meine Motivation war wieder voll da.

Wir packten unsere Sachen und saßen kurze Zeit später mit dem wundgesessenen Hintern auf dem Fahrradsattel. Ich ignorierte die Stimmen in meinem Kopf, die schreiend fragten, ob ich noch ganz dicht sei. Die Antwort darauf kannte ich schon seit längerer Zeit. Die Luft war kalt und es roch nach Wald und Cannabis.

Die erste Zeit radelten wir über denselben Weg zurück, über den wir gestern hierher gefahren waren. Die Kühe standen noch immer auf dem matschigen und zugeschissenen Weg und stierten uns aus großen, verständnislosen Augen an. Nach circa sechs Kilometer gereichte der Feldweg zur Straße und wir konnten ein wenig das Tempo anziehen. Es folgte einer der wenigen Momente, wo ich hier in Bhutan wirklich Spaß am Fahrradfahren verspürte. Wir passierten Schulkinder in einem Dorf, die uns fröhlich hinterherliefen. Wir gaben Gas, damit sie sich nicht an uns klammern konnten.

Es hatte aufgehört zu regnen und wir fuhren über halbwegs vernünftige Wege durch unberührte Wälder. Die Etappe führte uns über recht profilierte Strecken, das heißt, es ging die Berge rauf und runter und wir kletterten mit unseren schrottreifen Mountainbikes über zwei Pässe zunächst auf 3.359 Meter und schließlich auf 3.419 Meter. Es war nicht mehr so kalt und die Straßen waren ganz passabel.

Nachdem wir einen weiteren Pass erklommen hatten, ging es über eine richtig gute und nagelneue Straße eine ganze Zeit lang bergab. Wir rasten mit Vollgas den Pass hinunter, immer nur wenige Zentimeter am ungesicherten Abgrund entlang. Nach circa 35 Kilometer erreichten wir

Chazam, ein verloren wirkendes Dorf irgendwo im Niemandsland von Bhutan. Auf den Fassaden der paar Häuser, die hier beisammenstanden, prangten ausnahmslos riesige, bunte Penisse. Muss man mögen.

Wir aßen in Chazam zu Mittag und stärkten uns für das, was noch kommen sollte. Jankok, der mittlerweile zum eigentlichen Guide aufgestiegen war, teilte uns mit, dass die „Straße" bis nach Tongsa zu gefährlich sei, um sie mit dem Fahrrad zu begehen. Wir ließen uns dazu überreden, diesen Teil der Strecke im Bus zu fahren. Aber bereits nach wenigen Kilometern siegte unser Abenteuergeist – manche würden es wohl auch Unvernunft nennen – und wir stiegen wieder auf die Räder.

Eine riesige Baustelle beherrschte die Straße. Man versuchte hier, die Hangseite um circa fünf bis zehn Meter zu verbreitern, und schob dabei den Aushub einfach den Hang herunter auf die Straße.

Der Regen der letzten Tage hatte in dieser Gegend zu weiteren Schlamm- und Steinlawinen geführt und die Straßen befanden sich in einem erbärmlichen Zustand. Sie waren mit Autos und LKW schwierig und mit Fahrrädern eigentlich unmöglich zu befahren. Matsch und Schlamm lagen wie ein dicker, zentimeterhoher Teppich auf dem kaputten Asphalt und machten das Vorankommen zu einer überaus schweißtreibenden, frustrierenden und schmutzigen Angelegenheit.

Die vielen Lastwagen, die uns entgegenkamen oder uns überholten, bespritzen uns mit einer Mischung aus Matsch und Steinen, die mir einige kleinere Platzwunden und blaue Flecken bescherten. Bald setzte auch wieder unser Freund, der Regen, ein. Wir passierten ein paar kleinere Dörfer. Die Bewohner wirkten ausnahmslos sehr erschrocken, als sie uns sahen, winkten uns aber freundlich zu.

Überall, wo gebaut wurde, standen einfache Zelte am Straßenrand, nur wenige Zentimeter vom Abgrund entfernt. In ihnen wohnten die Bauarbeiter, fast ausschließlich Inder, mit ihren Familien.

Diese Menschen hausten somit wochen- und monatelang in den völlig entlegenen Gegenden Bhutans, ohne Zugang zu frischem Wasser oder medizinischer Versorgung. Von einem kargen Leben zu sprechen, wäre eine maßlose Untertreibung gewesen. Die Bhutaner waren sich für solcherlei Arbeit anscheinend zu schade, weshalb Inder unter bemitleidenswerten Umständen diese Schinderei für einen Hungerlohn übernahmen.

Der Lohn für die gefährlichen Bauarbeiten an den Straßen Bhutans betrug vier Euro pro Tag. Das waren bei zehn Stunden knallharter und lebensgefährlicher Maloche 40 Cent die Stunde! Bhutaner hingegen verlangen zehn Euro pro Tag und arbeiteten ungern auf Baustellen.

Die Zelte bestanden zumeist aus ausrangierten und beschädigten Lastwagenplanen oder löchrigen Wellblechelementen, die zu behelfsmäßigen Unterkünften zusammengezimmert worden waren. Sanitäre Anlagen gab es nicht.

Mit grimmiger Entschlossenheit mühten wir uns fünf weitere Kilometer die steilen Abhänge hoch und erreichten am Nachmittag unser kleines Hotel in Trongsa. An diesem Tag hatten wir somit 56 Kilometer bewältigt und dabei zwei Pässe auf 3.359 Meter und 3.419 Meter Höhe überwunden. Wir hatten dazu 890 Höhenmeter geschafft.

Mein Zimmer war einfach, hatte aber einen sensationellen Blick auf den riesigen Trongsa-Dzong.

Ich konnte den Ausblick allerdings nicht genießen, da ich mit mir selbst beschäftigt war. Zunächst musste ich meine Wunden versorgen. Danach verfrachtete ich meinen geschundenen Leib aufs Bett. Abends unternahmen wir nichts mehr. Andrea, Uli und ich trafen uns lediglich zum Abendessen und tranken ein Bier zusammen. Mehr war einfach nicht mehr drin. Davon abgesehen, konnte man hier auch nichts unternehmen. Das Nachtleben in Bhutan war ganz sicher eines der langweiligsten weltweit. In dem rund drei Kilometer entfernten Dorf mit circa 3.000 Einwohnern gab es nichts, wofür wir uns nochmal hätten aufraffen wollen – und schon gar nicht mit dem Fahrrad.

Am nächsten Morgen lag ich im Bett und hatte wieder mit meiner fehlenden Motivation zu kämpfen. Ich empfand die Aussicht auf weitere sieben Stunden auf dem Fahrrad im strömenden Regen auf verschlammten Pisten über Pässe auf 3.500 Meter Höhe als wenig prickelnd. Es gab auch nichts zu sehen. Wir fuhren ausschließlich durch Wälder und die meiste Zeit war es nebelig. Klar, wir konnten die waghalsigen Baggerfahrer bewundern, die sich mit ihren riesigen Maschinen ungesichert durch die Hänge gruben, und manchmal fuhren wir auch durch Täler, die aussahen wie der Spessart ohne Dörfer. Dennoch konnte ich es mir nicht länger schönreden; die Tour war eine überaus eintönige, anstrengende und gefährliche Schufterei auf dem Rad und ein nicht enden wollender Kampf gegen den inneren Schweinehund.

Ich riss mich zusammen. Aufgeben war keine Option. Ich wuchtete meinen schmerzenden Körper aus dem durchgelegenen Bett, ging duschen und zog mich an.

Beim Frühstück entfaltete sich eine angeregte Diskussion über den Tagesablauf. Geplant war zuerst der Besuch des Trongsa-Dzongs und des benachbarten Wachtturms. Anschließend stand eine Etappe von rund 65 Kilometer über einen 3.450 Meter hohen Pass an.

Wir hatten Bedenken, ob wir das schaffen würden. Unser eigentlicher Guide, Sonam, beteiligte sich gar nicht erst an der Unterhaltung. Er starrte mürrisch in seine Teetasse. Man sah ihm an, dass er es hasste, mit uns Fahrrad zu fahren. An jenem Morgen konnte ich ihn sogar verstehen. Stillschweigend wurden wir zu Brüdern im Geiste. Ansonsten hatten wir rein gar nichts miteinander zu tun. Es gab keine Gespräche, kein Interesse füreinander. Da war einfach nichts. Ich erklärte es mir so, dass wir beide einfach zu sehr mit uns selbst beschäftigt waren.

Jankok war der Meinung, dass wir den Dzong plus Tour schaffen könnten. Klar, wenn ich diese Strecke mit dem Auto fahren würde und mir dabei den warmen Hintern plattsäße, wäre ich der gleichen Meinung gewesen! Nach längerem Hin und Her entschieden wir, dass wir uns recht flott den Drongsa-Tzong und dann noch den Wachturm anschauen wollten, um uns danach zügig auf den Weg zu machen. Wir mussten auf dieser Tour selbst die Entscheidungen treffen und oft genug auch Planung und Richtung selbst bestimmen, da Sonam wie gesagt keine große Hilfe war. Jankok saß im Begleitbus. Den trafen wir meist auf den hochgelegenen Pässen, wenn er uns mit lauwarmem Tee, Keksen und Bananen versorgte. Wir fuhren die paar Kilometer zum Dzong und ich musste an eine alte Quizshow mit Jörg Dräger aus den 90er Jahren denken.

Die Festung war tatsächlich sehr beeindruckend, der nahegelegene Wachturm auch. Ich entschied mich, die erste

Etappe der Tour im Begleitbus mitzufahren. Das war eigentlich recht angenehm. Leider hatte Jankok die Angewohnheit, fortwährend laut zu beten, während er fuhr.

Als ich einen Blick auf die vor uns liegende Straße warf, hatte ich plötzlich das dringende Bedürfnis, in seine Gebete mit einzustimmen: steile Abhänge, die hunderte Meter ins Nichts fielen, und dann auch noch Wege ohne erkennbaren Asphalt, bedeckt mit Matsch und Schlamm, und auf der anderen Straßenseite Wände aus loser Erde, Steinen und Geröll, und immer wieder mittendrin ein altersschwacher Bagger, der rücksichtslos alles wegbaggerte, was ihm in den Weg kam. Da konnte man schon mal gläubig werden. Im Auto überkam mich das Gefühl, hilflos und ausgeliefert zu sein. Nach einer knappen Stunde hielten wir an und ich stieg wieder aufs Fahrrad. Es regnete heftig. Die Luft war kalt und es roch nach nassem Wald.

Wie gehabt quälten wir uns auf den nächsten Pass auf 3.450 Meter Höhe. Unterwegs passierten wir drei Schlammlawinen, die kurz vorher abgegangen waren. Wir kletterten mit unseren Fahrrädern über diese Hindernisse. Keiner sprach ein Wort, aber wir stellten uns alle vor, was passiert wäre, wenn diese Lawinen etwas später heruntergekommen wären …

Während wir oben auf dem Pass eine kurze Pause einlegten und Tee tranken, eröffnete uns Jankok, dass wir im nächsten Dorf bei seiner Schwester zuhause zu Mittag essen könnten. Wir freuten uns auf die Gelegenheit, in das Haus von Einheimischen einkehren zu können. Sonam bemerkte, dass seine Mutter ebenfalls in dem Dorf wohne, und es stellte sich heraus, dass ihre Familien Nachbarn waren. Das fiel den beiden erst in diesem Moment auf!

Manchmal ist es hilfreich, ein wenig miteinander zu sprechen …

Die Fahrt zum Dorf, das aus vielleicht zehn Häusern bestand, nahm rund eine halbe Stunde in Anspruch. Ich sah sofort, dass die Menschen hier sehr arm waren. Im Haus gab es nur das absolut Notwendige; die Räume waren spärlich eingerichtet. Ich konnte in eines der Schlafzimmer linsen, wo lediglich eine alte Matratze auf dem Boden lag. Wir setzten uns auf den Küchenboden und genossen Reis, Gemüse und Tee.

In der Küche gab es einen einfachen, selbstgebauten Steinofen. Darüber, auf zwei Holzregalen, standen ein paar Blechtöpfe. Frisches Wasser musste in alten Kanistern aus dem Dorfbrunnen geholt werden. Es war kalt und staubig im Haus. Ich persönlich empfand es als ungemütlich, aber es war ein Zuhause für die Menschen, die hier lebten.

Unsere Gastgeber, das waren neben Jankoks Schwester ihre kleine Tochter und eine andere Frau, die ich nicht zuordnen konnte, waren überaus freundlich und höflich zu uns. Aber sie waren auch sehr zurückhaltend, so wie ich überhaupt die Bhutaner auf meiner Reise kennengelernt hatte. Ich empfand das stets als sehr angenehm. Ich sah den Menschen an den Gesichtszügen an, dass das Leben hier hart war.

Bald machten wir uns wieder auf den Weg und fuhren über den nächsten Pass auf 2.900 Meter und dann immer bergab, bis wir Jakar erreichten, den Endpunkt der Fahrradtour.

Die zurückgelegte Strecke betrug an diesem Tag 73 Kilometer, dabei hatten wir 1.650 Höhenmeter überwunden.

Wir nahmen das Ende der Tour gelassen hin, zu erschöpft, um Freude oder Genugtuung zu fühlen. Bei mir machte sich lediglich Erleichterung breit, nicht mehr Fahrradfahren zu müssen.

Unsere Zimmer waren mit kleinen Öfen ausgestattet, die auch notwendig waren. Es wurde abends sehr kalt. Wir benutzten die alten, abgenutzten und schäbigen Fußüberzieher als Anzünder. Abends fiel, wie jeden Abend, der Strom aus. Ich nahm das zum Anlass, früh schlafen zu gehen.

Am nächsten Morgen schlug Jankok uns beim Frühstück vor, mit dem Fahrrad circa 30 Kilometer zu einer heiligen Schlucht zu radeln. Ich war sofort dagegen und brachte dafür drei, wie ich fand, hervorragende Argumente vor:

1. Fahrradfahren – ich war der Meinung, wir waren genug Fahrrad gefahren.
2. 30 Kilometer – das bedeutete auch, dass wir 30 Kilometer wieder zurückfahren mussten. Die drei bis vier Kilometer ins Dorf hätte ich mir ja noch gefallen lassen, aber wir sprachen von insgesamt 60 Kilometer.
3. Schlucht – heißt, zuerst 30 Kilometer den Berg hinunter und im Anschluss leider wieder 30 Kilometer den Berg hoch.

Andrea und Uli aber zeigten sich begeistert und schafften es tatsächlich, mich zum Mitkommen zu überreden. Sonam war es egal, wie ihm alles egal war.

Als wir losfuhren, war es warm und die Sonne schien – zum ersten Mal seit unserer Ankunft! Wir radelten durch Wälder, und außer Bäumen gab es dort nichts zu sehen.

Dafür verfuhren wir uns andauernd, weil niemand genau wusste, wo wir eigentlich hinmussten. Sonam entwickelte trotz seiner Ahnungslosigkeit auf einmal eine starke Meinung bezüglich der zu fahrenden Richtung. Dummerweise ließen wir uns anfangs auf seine Vorschläge ein. Die stellten sich ausnahmslos als falsch heraus. Gelangten wir an eine Abzweigung, entschied er sich mit traumwandlerischer Sicherheit für den falschen Weg. Irgendwann war das Maß voll und wir hörten nicht mehr auf ihn. Es gab hier auch keinen Menschen, den wir nach dem Weg hätten fragen können.

Wir waren ewig unterwegs und kamen wundersamerweise dennoch schließlich an dieser ominösen Schlucht an, wo irgendein Yogi seit Jahrzehnten am kalten, reißenden Fluss sein Dasein fristete, weil ihm wohl ein Geist im Traum dubiose Befehle und Visionen übermittelte. Der Typ zählte etwa 60 Lenzen – genau weiß man das ja nie bei diesen Eremiten – und lebte von den Spenden, die die paar Gestalten hierließen, welche sich an diesen merkwürdigen Ort verirrten.

Aber schlecht konnte es ihm nicht gehen, denn er trug eine schicke rote Lederjacke der Firma „Hunt Sports Club" und sein entrücktes Lächeln kam entweder von dem omnipräsenten Hanf, das auch hier wie Unkraut am Straßenrand wuchs, oder von seinem sicher nicht unerheblichen Erfolg beim Spendensammeln.

Sehr bald fuhren wir wieder zurück nach Jakar und somit 30 Kilometer überwiegend steil bergauf. Sollte ich jemals wieder im Ausland Fahrradfahren, dann nur noch in Holland.

Am Nachmittag besuchten wir etwas außerhalb von Jakar ein bhutanisches Festival mit Maskentanz. Überraschung: Es regnete. Das Festival diente primär zum Spendensammeln für die Mönche, die hier verschiedene Aufgaben des Alltags wie beispielsweise das Unterrichten der Kinder übernahmen.

Es gab verschiedene Vorführungen, wobei Männer und Frauen immer streng getrennt voneinander auftraten. Die Männer führten in verschiedenen Gruppen sehr steif wirkende Tänze auf. Viele von ihnen trugen Masken und riesige Holzpenisse, mit denen sie entweder wild herumfuchtelten oder damit auf die kichernden Mädchen und Frauen zeigten. Während die Zuschauer im Regen standen, saßen die Mönche unter einer buntbemalten Stoffplane und machten einen äußerst gelangweilten Eindruck. Die meisten von ihnen trugen eine Casio-Armbanduhr, telefonierten mit einem Smartphone und tranken Coca-Cola aus Plastikflaschen.

Später liefen wir noch ein wenig durch Jakar und schauten uns die paar Geschäfte an, die hier auf der einzigen Hauptstraße zu finden waren. Da ich mir keinen erigierten Holzschwanz kaufen wollte, entschied ich mich für ein T-Shirt. Dann gingen wir in ein Restaurant, das den vielversprechenden Namen „Himalayan Pizza" trug und von einem Einheimischen, der in Deutschland studiert hatte, geführt wurde. Die Pizza war prima, das einheimische Bier auch, aber der riesige, ejakulierende Penis unter dem Restaurantschild war ein wenig irritierend.

Am nächsten Tag ging es mit unserem kleinen Begleitbus zurück in Richtung Paro. Die zu fahrende Strecke betrug 276 Kilometer und war an einem Tag nicht zu schaffen. Wir quetschten uns zu fünft in die kleine Mühle und tuckerten los. Unsere Fahrräder, die diese Tortour tatsächlich halbwegs unbeschadet überstanden hatten, waren hinten auf dem kleinen Anhänger festgezurrt.

Wir hatten Sorge aufgrund der Schlammlawinen, Steinschläge und der Absturzgefahr auf diesen völlig unbefestigten und ungesicherten Straßen – hier im Auto noch mehr als auf dem Fahrrad. Unsere Befürchtungen wurden schnell übertroffen. Der seit Wochen anhaltende Regen, die Schlammlawinen, die abenteuerlichen Bauarbeiten und der zentimetertiefe Matsch machten unsere Rückfahrt zu einem lebensgefährlichen Vorhaben. Da die Straßen recht eng waren, fuhren wir oft nur ganz wenige Zentimeter am steilen Abgrund entlang, wo es hunderte Meter in die Tiefe ging. Unser Fahrer Jankok fing an, laut zu beten. Andrea, Uli und ich schauten uns schweigend an. Wir waren zur Untätigkeit verdammt. Sonam lehnte mit dem Kopf an der Fensterscheibe und schlief.

Plötzlich ein heftiges Rumpeln. Jankok bremste den Kleinbus abrupt ab und wir kamen mit durchdrehenden Rädern auf dem glitschigen Matsch am Rande des Abgrunds zum Stehen. Wir hatten das am Unterboden befestigte Reserverad verloren und waren dann mit dem Anhänger drübergefahren. Besagtes Rad lag nun mehrere hundert Meter den Abhang hinunter am Straßenrand. Sonam erklärte sich tatsächlich bereit, es zu holen und wieder unter dem Bus zu befestigen.

Schon bald rumpelten wir weiter über die mit Steinen und Felsbrocken übersäten Straßen. Wir kamen nur langsam vorwärts. Immer wieder mussten wir eine Zwangspause einlegen, wenn wir an einer Baustelle vorbeikamen, wo die Bagger den Schutt einfach auf die Straße warfen.

In Trongsa besuchten wir noch einen Dzong, der als Ausbildungsstätte für Mönche fungierte. Uns stand aktuell nicht mehr der Sinn nach Dzongs und Mönchen und Buddha und anderen nicht-weltlichen Dingen. Wir wollten schnellstens in der nächsten sicheren Unterkunft ankommen. Jedoch amüsierte ich mich sehr über das Schild an der Mönchstoilette, das da sagte:

„Order
Other than Dratshang, no body is allowed to use Dratshang's toilet."

Weißte Bescheid …
Wir mussten eh nicht auf die Toilette, also fuhren wir weiter, ohne uns Dratshangs Zorn zuzuziehen.

Die Fahrt wurde bei einsetzendem starkem Nebel immer gefährlicher. Schon bald wurde es dunkel und die vielen uns entgegenkommenden altersschwachen Lastwagen, die waghalsig um die Kurven bretterten, sorgten bei für atemlose Beklemmung. Um kurz nach 19.00 Uhr erreichten wir eine Straßensperre.

Die Weiterfahrt war in der Zeit zwischen 19.00 Uhr und 08.00 Uhr morgens verboten. Wir kannten das bereits. Während dieser Sperrungen arbeiteten die Raupen auf der Straße und schoben die riesigen Erdmassen in die Schluchten, die die Bagger zuvor dorthin geschüttet hatten. Aber jetzt wollten uns die Bauarbeiter partout nicht durchlassen. Und wir konnten auch nicht zurückfahren, da das nächste Guesthouse zu weit entfernt lag.

In dem kleinen Bus zu schlafen, war auch keine wirkliche Option. Unser „Guide" Sonam tat so, als ginge ihn das alles nichts an. Jankok sprach mit den Bauarbeitern. Er blieb über eine halbe Stunde weg. Wir machten uns langsam Sorgen. Es wurde immer kälter und der längst vertraute Regen weichte uns wieder binnen kürzester Zeit auf, während wir uns die Beine vertraten.

Wir standen bis zu den Knöcheln im Schlamm. Dann kam Jankok zurück. Große Erleichterung. Wir durften weiterfahren.

Ab jetzt wurde es gruselig. Es war stockdunkel und wir erreichten alle drei bis fünf Kilometer eine Straßensperre. Jedes Mal musste Jankok auf die dortigen Bauarbeiter einreden. Oft lagen so viel Dreck, Erde und Schutt auf dem Weg, dass wir dachten, wir hätten keine Chance, weiterzukommen. Irgendwie ging es aber doch immer.

Unser kleiner Bus kämpfte sich tapfer über die Schlamm- und Geröllmassen. Jankok betete unablässig. Dabei wiederholte er drei bis vier Sätze in einem bestimmten Rhythmus. Mich machte das überaus nervös. Bei jedem anderen hier im Auto wäre es mir egal gewesen, aber ich hatte das starke Gefühl, dass Jankok als Fahrer unser Schicksal nun nicht mehr selbst in der Hand hielt.

Durch die Dunkelheit, den Regen und den starken Nebel betrug die Sichtweite weniger als einen Meter und wir gerieten in mehrere Beinahezusammenstöße mit Baggern und Planierraupen, die meist hinter äußerst engen Kurven parkten. Bald war ich so müde, dass es mir egal war. Ich schloss die Augen. Nach mehreren Vollbremsungen allerdings, die das Innere unseres Gefährts komplett durcheinanderwürfelten, war mein Adrenalinspiegel wieder so aufgepeitscht, dass an Schlaf nicht mehr zu denken war.

Irgendwann, so gegen 23.00 Uhr, kamen wir endlich heil in unserem kleinen Guesthouse an und legten uns sofort hin. Ich konnte lange nicht einschlafen. Wenn ich die Augen schloss, sah ich mich wieder in dem kleinen Bus, wie wir die steilen Hänge rauf und runterfuhren und knapp an den Abhängen vorbeischlitterten. Wir waren alle fertig, aber froh und dankbar, diese Etappe ohne Unfall hinter uns gebracht zu haben.

Der nächste Tag war völlig ereignislos. Wir fuhren die wenigen restlichen Kilometer bis nach Paro und schauten uns das kleine Städtchen an. Am darauffolgenden Tag, unserem letzten in Bhutan, stand noch eine Besonderheit auf dem Programm, nämlich der Besuch des sagenumwobenen Klosters „Tigernest". Ich bin sicher, jeder kennt die Bilder dieses atemberaubend schönen Gebäudes, das in circa 3.200 Meter Höhe auf einer steil aufragenden Felswand thront.

Offiziell heißt das Kloster Taktsang, was so viel wie „Tigers Versteck" bedeutet. Es existierten mehrere Geschichten und Legenden zur Errichtung dieses wunderschönen Klosters. Ein Mönch soll wohl auf dem Rücken eines weiblichen Tigers hierher geflogen sein und dann beschlossen haben, an dieser Stelle ein Kloster zu errichten. Ob die Tigerin in die Entscheidungsfindung involviert wurde und wo sie danach verblieb, erzählt die Sage leider nicht. Ich war ein wenig enttäuscht.

Jedenfalls wurde die Anlage erstmals Ende des 17. Jahrhunderts eingeweiht. Auf dem Gelände befand sich zudem jene Höhle, in der der Gründer des Buddhismus in Bhutan, Guru Padmasambhava, drei Jahre, drei Monate, drei Wochen, drei Tage und drei Stunden meditiert haben soll. Dieses jahrelange Abhängen in irgendwelchen völlig abgelegenen Höhlen in großen Höhen und eisiger Kälte unter erbärmlichen Bedingungen ist übrigens in Tibet und Bhutan nicht unüblich. Selbst heute noch gibt es Nonnen und Mönche, die derartiges praktizieren und auf Gedeih und Verderb von den Almosen der armen Bewohner des nächsten Dorfes abhängig sind.

Zurück zum Kloster: 1998 brannte es vollständig ab. Man vermutet einen Kurzschluss in der Elektrik als Ursache, wobei es mich sehr verwunderte, dass es hier oben an diesem abgelegenen Ort überhaupt Strom gab. So oft, wie der Strom im Rest von Bhutan ausfiel, war das für mich ziemlich unvorstellbar.

In den Jahren zuvor hatte es immer mal wieder in den Gebäuden gebrannt, wobei meistens Butterlampen der Grund für die Feuer gewesen waren. Wer diese Dinger kannte, konnte das sofort nachvollziehen. Butterlampen sind wir für mich die Verkörperung von Buddhas Rache an den Menschen. Wer einmal in die Nähe dieser schrecklichen Dinger gekommen ist, weiß, was ich meine.

Hergestellt aus zumeist Yakbutter, qualmt das Zeug nach dem Anzünden, als fackele man nasses Holz ab. Bekommt man den Rauch in die Augen, was jedes Mal passiert, wenn man sich in der Nähe aufhält, brennt es so sehr, dass ich mir am liebsten die Kontaktlinsen mit der Rohrzange rausreißen möchte.

Egal, jedenfalls wurde das Kloster im Jahr 1998 durch den Brand völlig zerstört. Glaubt man den Erzählungen, half im Anschluss halb Bhutan, diese prachtvolle Anlage wieder aufzubauen. Das dauerte sieben Jahre, und wenn man einmal den beschwerlichen Weg zum Kloster hinaufgestiegen ist, empfindet man tiefen Respekt vor dieser grandiosen Leistung.

Der Weg dorthin war nämlich anstrengend. Wir waren alle fit, aber als wir das Kloster erreichten, hätte ich mein T-Shirt auswringen können. Der Weg war steil, und da es – völlig überraschend – in der Nacht zuvor geregnet hatte, war der Lehmboden ziemlich rutschig und glatt. Normalerweise brauchte man für die Strecke zwischen drei und fünf Stunden. Wir schafften es in zwei Stunden, da wir ordentlich Tempo machten. Ich weiß ehrlich gesagt gar nicht mehr, warum wir uns nicht mehr Zeit nahmen. Leider war insbesondere die erste Hälfte des Aufstiegs völlig zugeschissen von den zahlreichen Pferden, die eingesetzt wurden, um alte, fußkranke und auch faule Menschen zu transportieren.

Jedenfalls ist das Taktsang-Kloster eines der schönsten und atemberaubendsten Gebäude, das ich je gesehen habe.

Auch die Aussicht von dort – es gab in fast jedem Raum, den wir besichtigen durften, einen Balkon – war grandios.

Neben den unglaublich liebenswerten Menschen des Landes, war das „Tigernest" das absolute Highlight meiner Reise.

Und dann ... war das Abenteuer Bhutan auch schon zu Ende. Wir hatten insgesamt rund 450 Kilometer in acht Tagen zurückgelegt und ziemlich genau 8.000 Höhenmeter (aufwärts) überwunden. Meistens fuhren wir auf Höhen zwischen 2.000 Meter und 3.500 Meter. Circa 85 Prozent der Zeit regnete es, meist sehr heftig.

Würde ich diese Reise nochmal machen? Nein, auf gar keinen Fall. Und schon gar nicht zu der Jahreszeit. Dass uns nichts passiert ist, grenzt an ein Wunder. Keiner stürzte oder zog sich eine schwerere Verletzung zu. Auch ich trug nur einige Hämatome und kleinere Platzwunden durch Steine davon, die die Lastwagen beim Vorbeifahren aufwirbelten. Unglaublicher Weise erlitten wir noch nicht einmal einen Platten, obwohl die Fahrräder wirklich in einem erbärmlichen Zustand waren. Auch sonst ging nichts kaputt. Wir hatten auf der gesamten Reise ein sagenhaftes Glück.

Wer weiß, vielleicht hatten wir einfach gutes Karma oder die Gebete von Jankok wurden gottlob erhört.

Iran

„Nein, auf gar keinen Fall!" Das war die deutliche Reaktion, als ich Ines, meine damalige Freundin, fragte, ob wir
nicht mal in den Iran reisen wollten.

„Ich laufe doch nicht wochenlang mit Kopftuch und
knielangem Mantel bei über 30 Grad Hitze herum", spezi-
fizierte sie ihr Missfallen über meinen Reisevorschlag.

Ich fand, dass der Iran auf jeden Fall eine Reise wert
war. Es handelt sich ganz sicher um eines der spannends-
ten Länder, die man besuchen kann. Kulturell und gesell-
schaftlich ist der Iran eine völlig andere Welt. Und wenn
man sich dort an die Gegebenheiten und Regeln hält, ist es
meiner Meinung nach ein recht sicheres Land für eine
Reise. Ines' Problem mit dem Kopftuch und dem Mantel
konnte ich durchaus nachvollziehen, obwohl ich als Mann
ja herumlaufen kann, wie ich will. Aber wenn man schon
die Chance hatte, in den Iran zu reisen, sollte man sie auch
nutzen. Ines war da nicht unbedingt meiner Meinung,
außerdem war sie als auch ihre Familie und alle Freunde,
Bekannte und Arbeitskollegen davon überzeugt, dass
mein Unterfangen äußerst gefährlich war.

Klar, man soll im Iran nicht unbedingt über Religion, Politik und seine Zuneigung zu den USA sprechen, aber das
versteht sich ja eigentlich von selbst.

Es war nicht das erste Mal, dass ich Ines auf den Iran an-
sprach. So langsam nervte ich sie wohl damit. Ihre Ablehnung war durchaus ernst zu nehmen, da sie alles andere
als zimperlich war. Tatsächlich war sie die mutigste Frau,
die ich jemals kennengelernt habe.

Wir sind allein und komplett eigenständig durch Länder wie Myanmar, Kambodscha, Madagaskar und Ghana gefahren und haben dort einige echte Abenteuer überstanden. Sie beschwerte sich nie. Im Gegenteil, sie blieb stets cool. Wenn ich mit jemanden in den Iran gefahren wäre, dann mit ihr. Aber auf ihrer Bucket List stand der Iran wahrscheinlich noch hinter dem Kongo und Afghanistan. Wochen später hatte ich sie dann endlich überredet. Ob es an meiner Hartnäckigkeit lag oder an meinen Versprechen, ihr jedes Kopftuch zu kaufen, das sie haben wollte, weiß ich nicht mehr. Ich vermute, sie stimmte zu, damit ich ihr nicht weiter auf die Nerven falle.

Ich konnte die Reise über eine Bekannte, die ein Reisebüro besaß, buchen. Auch hier wäre es aus diversen Gründen eher schwierig gewesen, den Iran individuell zu bereisen, vor allem in den rund zwei Wochen, die uns zur Verfügung standen. Ein paar Wochen später hatten wir dann unsere Visa im Reisepass, die wirklich sehr schön aussahen. Wir bekamen ein kleines Heftchen mit Do's und vor allem Don'ts ausgehändigt und dann ging es auch schon los. Alle, denen wir davon erzählten, hielten uns für komplett durchgeknallt und prognostizierten uns entweder massiven Ärger oder eine Reise ohne Wiederkehr.

Die Reaktion meines Vaters werde ich jedenfalls nie vergessen. Er war mittlerweile ja so einiges von mir gewohnt, was Reiseziele anbelangte. Seine übliche Reaktion lautete, „ach ja, wie schön", oder, „das ist ja wirklich sehr interessant", und dann begann er, sich über das entsprechende Land zu informieren. Meist sprachen wir dann vor Reisebeginn noch stundenlang über mein Ziel, die Politik und die Menschen dort. Als ich ihm jedoch mitteilte, dass wir in den Iran fahren würden, war seine erste Frage, ob ich verrückt geworden sei.

Ich hatte zu keinem Zeitpunkt das Gefühl, dass diese Reise gefährlich werden könnte, und freute mich einfach sehr, dieses sicherlich sehr außergewöhnliche Land zu erkunden.

An einem sonnigen Tag im Oktober fuhren wir zum Frankfurter Flughafen, checkten ein, absolvierten das Sicherheitsballett, suchten das Gate – Ines musste schließlich als Einzige die Sicherheitsüberprüfung ein zweites Mal über sich ergehen lassen. Das sorgte nicht gerade für Erheiterung bei ihr; die Stimmung war im Keller. Daraufhin bestiegen wir auch schon die alte Boing der Iran Air und nach rund sechs ereignislosen Stunden landeten wir auf dem Imam Chomeini International Airport. Nachdem man uns nach langen, endlosen Kontrollen endlich einreisen ließ, wartete schon unser Guide Ramin auf uns und brachte uns zum Hotel. Ramin war 24 Jahre alt und Archäologiestudent, sprach leidlich Englisch und war wie der allergrößte Teil der Iraner streng gläubiger Moslem.

Er brachte uns zum Parsian Enghelab-Hotel, einem seelenlosen 500-Betten-Bunker, die man überall auf der Welt findet. Das Hotel war in den 70er Jahren erbaut und nach Fertigstellung 1977 zwei Jahre lang als Marriott-Hotel unter dem Namen „Persian Garden" geführt worden, bis mit der Machtübernahme von Khomeini alle westlichen Firmen „gebeten wurden", das Land zu verlassen.

Seither heißt das Ding „Enghelab", was so viel wie *Revolution* bedeutet. Gut war, dass sich das Hotel mitten in der Stadt befindet. Wir checkten ein und bekamen ein großes und sauberes Zimmer in einem der oberen Stockwerke, was super war, weil wir vor hier einen sehr eindrucksvollen Blick auf die riesige Stadt und die dahinterliegenden Berge genießen konnten.

Es gab zwei Restaurants, und auch dort galt wie überall im Land absolutes Alkoholverbot. In einem dieser Restaurants hatte ich den Erstkontakt mit dem berühmten iranischen Bier, das alkoholfrei war. Es wurde in verschiedenen Geschmacksrichtungen wie Erdbeere, Granatapfel und anderen Scheußlichkeiten angeboten. Ich entschied mich für Erdbeere, was absolut entsetzlich schmeckte. Auf der Dose stand der Hinweis, dass man es kalt dringend solle. Das war ein guter Tipp, denn warm war es wahrscheinlich ungenießbar. „Enjoy drinking", stand dort auch noch geschrieben, was nach dem ersten Schluck wie blanker Hohn klang. Nach einem weiteren Schluck schüttete ich den Rest in die Toilette.

Da es noch früh am Abend war, beschlossen wir, einen kleinen Spaziergang durch die Stadt zu machen. In den Straßen roch es nach ungefilterten Abgasen, exotischem Essen und der Hitze des Tages, der sich langsam seinem Ende neigte. Es war schon dunkel, aber noch immer warm, circa 20 Grad Celsius. Der Verkehr war unbeschreiblich. Die Straßen waren komplett verstopft. Ein Chaos aus lärmenden, alten Motoren, Dauerhupen und Motorradfahrern, die ungeduldig und rücksichtslos über die Bürgersteige rasten, zerrte an unseren Nerven.

Es war gefährlich, auf den Bürgersteigen zu flanieren, da man jederzeit damit rechnen musste, dass aus allen Richtungen Motorräder angeschossen kamen. Hörten wir von weitem das Geräusch eines fahrenden Motorrads, liefen wir sofort zwischen die parkenden Autos oder in das nächste Geschäft auf der Suche nach Deckung. Schon bald kehrten wir um und brachten uns in Sicherheit.

Am nächsten Tag wurden wir zeitig von Ramin abgeholt und fuhren ins Nationalmuseum des Irans. Dort wurden in drei großen Hallen Ausgrabungen aus prä-islamischer und islamischer Zeit ausgestellt. Für mich gibt es jedoch kaum etwas Langweiligeres als Archäologie und Ausgrabungen aller Art. Ramin als begeisterter Archäologiestudent trumpfte allerdings richtig auf. Über jedes Artefakt hielt er einen mindestens fünfminütigen Vortrag – und es gab hier unzählige Ausstellungsstücke.

Nach circa zwei Stunden war ich durch und ich wollte nie wieder etwas über uralte Steine und Keramiken hören oder sehen. Ines ging es ähnlich; wir wollten nur noch raus. Ramin bemerkte, dass wir nicht den erwarteten Enthusiasmus zeigen würden und reagierte ein wenig verschnupft. Ich schlug vor, eine Kleinigkeit zu essen.

Wir begaben uns auf den Weg in die Innenstadt und holten uns in einer Art Imbiss jeweils einen Kebab. Wir setzten uns an den Straßenrand, aßen und beobachteten die Menschen und den Verkehr. Es herrschte ein unglaubliches Treiben auf den Straßen und Gehwegen.

Verkehrsregeln und Ampelsignale schienen lediglich unverbindliche Vorschläge zu sein. Ein Lieferwagen nietete vor unseren Augen auch gleich einen der zahllosen Mopedfahrer um. Es kümmerte niemanden. Auch uns schenkte man kaum Beachtung. Alle Verkehrsteilnehmer fuhren so, wie es ihnen passte. Dadurch herrschte ein riesiges Chaos. So gut wie alle Autos, Lieferwagen und Lastwagen waren alt und verbeult. Es gab immer wieder kleinere Kollisionen, die niemanden zu interessieren schienen. Wer es eilig hatte, fuhr einfach in den Gegenverkehr, beschleunigte und scherte dort wieder ein, wo Platz war ... oder man schaffte sich Platz, indem man völlig rücksichtslos dort einscherte, wo es einem beliebte. Neben dem Gaspedal war die Hupe die wichtigste Waffe im iranischen Verkehr. Es herrschte die völlige Verkehrsanarchie. Wagte man es gar, eine Straße zu überqueren, wurde es lebensgefährlich.

Was die Anzahl der Verkehrstoten in totalen Zahlen betrifft, schafft es der Iran regelmäßig unter die traurigen Top 10 im internationalen Vergleich. Jene Länder, die noch vor dem Iran liegen, zählen fast alle deutlich mehr Einwohner.

Eines sei an dieser Stelle jedoch auch gesagt: Ich habe die Iraner als ein überaus freundliches und ausgeglichenes Volk erlebt. Als Reiseland stufe ich den Iran als absolut sicher ein, abgesehen von den Grenzregionen zu Afghanistan. Gut, man sollte jetzt nicht mit einem George Bush-T-Shirt durch Teheran laufen, und die Erwähnung, dass man die Amerikaner grundsätzlich ganz prima findet, wird in den allermeisten Fällen als eher unpassend aufgenommen und sorgt für lange und laute Monologe des jeweiligen Gegenübers. Aber wenn man sich an die hiesigen Regeln hält, sind die Iraner unglaublich nett, gastfreundlich und überdies die witzigsten Menschen, die man sich vorstellen kann. Hinter dem Steuer eines motorisierten Fahrzeugs verwandeln sie sich allerdings sofort von Dr. Jeckyll zu Mr. Hyde. Dass denen das Adrenalin nicht aus Mund und Nase tropft, verwunderte mich während meines Aufenthalts immer wieder.

Wir waren übrigens leicht als Touristen zu erkennen aufgrund unserer helleren Hautfarbe, unserer kleinen Rucksäcke und meiner Bekleidung. Ich trug Jeans und T-

Shirt, was die männlichen Iraner nur selten anzogen. Sie waren zumeist in Stoffhose und Hemd unterwegs. Ich registrierte zwar neugierige und verstohlene Blicke, aber niemand sprach uns an. Alle Frauen trugen das obligatorische Kopftuch sowie einen Mantel, der bis zu den Knien reichte. Je jünger und hübscher eine Frau war, desto eher fungierte das Tuch eher als Schal; die Haare lagen dann teilweise frei.

Hier in Teheran, das im Vergleich zu anderen iranischen Städten recht fortschrittlich war, störte das kaum jemanden. Es gab dennoch eine Sittenpolizei, die darauf achtete, dass Frauen grundsätzlich Kopftuch und Mantel trugen. Wer dagegen verstieß, konnte im Wiederholungsfall sogar im Gefängnis landen.

Weiter ging es zur amerikanischen Botschaft, also der ehemaligen amerikanischen Botschaft. Heute gab es natürlich keine ausländische Vertretung der US-Amerikaner mehr im Iran. Sehr vorsichtig ausgedrückt, waren die Iraner äußerst ungehalten über die amerikanische Außenpolitik der letzten ... sagen wir mal ... 60 Jahre. Das ehemalige Botschaftsgebäude fungierte nunmehr als Museum, das aber nur wenige Tage im Jahr geöffnet hatte – während unseres Besuchs natürlich leider nicht. An den Mauern, die das Gelände einfriedeten, lasen wir Parolen wie: „Godsgrace we shall give in against the dictatorship of no government even the United States."[2] Die USA wurden im Iran auch gerne als Satan dargestellt.

Im Laufe der nächsten Tage sprachen uns immer wieder Iraner an, teils sehr offensiv: „Where do you come from?"

---

[2] Gott sei Dank werden wir gegen die Diktatur keiner Regierung, nicht einmal der Vereinigten Staaten, nachgeben.

Wir beeilten uns immer ganz schnell, „Germany", zu sagen, was die Stimmung sofort und unmittelbar sehr auflockerte. Deutsche waren im Iran äußerst beliebt. Meist folgte eine lange Erklärung, welche Gemeinsamkeiten der Iran und Deutschland besäßen und dass wir die gleichen Vorfahren hätten und so weiter. Das war eigentlich immer sehr angenehm. Man merkte, dass die Iraner gerne ihr Land auf Augenhöhe mit anderen Ländern sahen oder gesehen hätten.

Viele Menschen, die wir auf der Straße oder in Cafés antrafen, teilten uns unverblümt ihre teils vernichtende Meinung über ihre eigene Regierung mit. Ich hörte so viele Witze über ihren zur Zeit meiner Reise amtierenden Präsidenten, dass ich bereits nach ein paar Tagen als Stand-up-Comedian mit Ahmadineschād-Witzen hätte auftreten können. Was aber alle einte, war ihr glühender Hass auf die USA. Selbst die moderatesten Iraner spien Gift und Galle, wenn man die USA nur erwähnte.

Während wir also vor dem ehemaligen Botschaftsgelände standen, beobachten uns viele Iraner äußerst misstrauisch. Sie dachten wohl, wir wären Amerikaner. Schnell fuhren wir weiter zum berühmten Großen Basar in Teheran, der passenderweise im Stadtteil Basar im Süden des Stadtzentrums lag. Er galt als der größte Basar der Welt. Ramin erzählte uns, dass der Basar circa 20.000 Geschäfte beherberge nebst Teehäusern, Moscheen und Banken. Bisher war es noch niemandem gelungen, den Basar zu kartographieren.

Wir ließen uns mit der Menge treiben und genossen das lebhafte Getümmel. Es roch nach exotischen Gewürzen, nach der Wüstenhitze und nach Abgasen. Sämtliche Straßen und Korridore des Basars waren vollgestopft mit

155

Menschen. Wir sahen Stände, die exotische Gewürze säckeweise anboten, und riesige Obststände, wo die Waren mannshoch aufgetürmt waren.

Die Atmosphäre war hektisch, aber sehr friedlich. Man sah uns auch hier sofort an, dass wir keine Perser waren. Die Menschen zeigten sich abermals neugierig, aber angenehm zurückhaltend. Einige versuchten, uns anzusprechen, und fragten in gebrochenem Englisch, ob sie uns helfen könnten.

Wir fühlten uns wohl und streiften immer weiter und weiter durch dieses schier endlose Labyrinth aus Gängen, kleinen Gassen und Korridoren, bis wir komplett verloren waren. Etwa alle 50 Meter stießen wir auf große Plätze unter reich verzierten Kuppeln, von wo aus es in vier verschiedene Richtungen weiterging. Wir setzten unseren Weg fort, ziellos, immer tiefer in das Herz dieser Stadt in der Stadt. Der Mix aus orientalischer Musik und dem fremdländischen Klang der Stimmen der Ladenbetreiber und Passanten übte einen nicht unerheblichen Reiz aus. Beinahe hungrig saugten wir wortlos die Atmosphäre auf.

Unglaublicher Weise fuhren auch hier Motoradfahrer durch die überfüllten und engen Gassen. Die Menschenmassen teilten sich blitzschnell wie von Geisterhand, jedes Mal, wenn eines kam. Wer konnte, sprang in eines der Geschäfte oder suchte Schutz zwischen den Auslagen der Händler. Wer nicht schnell genug war, konnte nur hoffen, dass der Motorradfahrer Platz zum Ausweichen fand.

Wir fuhren schließlich weiter zum Niavaran-Palastkomplex, einer weitläufigen Palastanlage, die sich in einem riesigen Park im Nordosten Teherans befindet. Das wichtigste Gebäude war zweifellos der Niavaran-Palast, der bis zum Beginn der Islamischen Revolution das

Wohnhaus des letzten Schahs und seiner Familie gewesen war.

Wir durften sogar die ehemaligen Wohnräume des Schahs besichtigen, die für heutige Verhältnisse ein wenig antiquiert eingerichtet waren. Jeder Raum, in den wir einen Blick hineinwarfen, war zugekleistert mit Brokatstoffen und handgewebten persischen Teppichen. Das Highlight jedoch war zweifelsohne das Tigerfell samt Kopf vor dem Bett des Schahs. Das erinnerte mich sofort an „Dinner for One". Es gab hohe Stuckdecken, von denen gewaltige Kronleuchter herabhingen. Überwiegend war alles in Gold gehalten. Ich fand es scheußlich und völlig geschmacklos und war froh, als wir die muffigen Innenräume wieder verließen. Draußen genossen wir noch ein wenig den phänomenalen Ausblick auf die gigantische Stadt und machten uns dann per Taxi auf zum Flughafen, um nach Shiraz im Süden des Landes zu fliegen.

Wir gerieten in den Feierabendverkehr, das hieß Megastaus, viele kleinere und ein paar größere Verkehrsunfälle, Gehupe, Rufe, Gezeter, Flüche und Iraner, die hinter dem Steuer die Nerven verloren. So auch unser Taxifahrer. Nachdem wir für rund fünf Minuten circa 100 Meter vor einer Ampel standen und uns nicht einen Zentimeter bewegten, gab der Mann auf einmal Vollgas, scherte in den Gegenverkehr aus, beschleunigte auf 70 Stundenkilometer und hielt erbarmungslos auf die entgegenkommenden Fahrzeuge zu. Ines und ich öffneten unseren Mund wie eine Kaulquappe, zu geschockt, um auch nur einen Ton von uns zu geben. Wir rasten bei Rot über die Ampel, schossen im Slalom über eine riesige Kreuzung hinweg und drängelten uns dahinter rücksichtslos zurück in unsere Spur. Den Rest der Fahrt bis zum Flughafen fuhren wir in einer selbstmörderischen Geschwindigkeit mit dieser völlig verbeulten und altersschwachen Karre, bis wir nach langen und zähen Minuten der Todesangst endlich, endlich am Flughafen ankamen.

Der Flug nach Shiraz hingegen verlief glücklicherweise völlig ereignislos und wir landeten am Abend im Süden des Irans.

Am nächsten Morgen schlenderten wir ein wenig durch das Zentrum dieser schönen Millionenstadt. Wir sahen zauberhafte Gartenanlagen, Museen und Mausoleen.

In einer Gartenanlage erblickte ich zwei ältere Mullahs, die auf einer Bank saßen und sich unterhielten. Ich fragte Ramin, ob er sie um ein Foto bitten könne. Erstaunlicherweise waren die beiden sehr nett und gestatteten mir ein paar Fotos.

Ramin unterhielt sich mit ihnen und ich merkte, dass sie über uns sprachen. Dann stand der ältere der beiden auf und hielt einen schier endlosen Vortrag auf Persisch. Das wollte und wollte nicht aufhören, und als er nach einer gefühlten Ewigkeit dann doch zum Ende seines Monologs kam, fragte ich Ramin, was er denn gesagt habe. Ramin meinte nur, dass er die Vorzüge des Islams erklärt habe. Der Mullah würde mir nun gerne zwei Fragen stellen.

„Klar", sagte ich, gespannt auf die Fragen.

Warum ich denn als Deutscher mit einer japanischen Kamera fotografiere? Okay, das war einfach zu beantworten. Die zweite Frage lautete, ob es stimmte, dass alle deutschen Frauen Sex mit Afrikanern hätten.

Das kam jetzt völlig überraschend. Da hatte der Mann vermutlich zum ersten Mal die Gelegenheit, mit deutschen Touristen zu sprechen, und dann fielen ihm genau diese beiden Fragen ein? Ich musste mir ein Grinsen verkneifen.

„Nein, das stimmt nicht. Wir brauchen dazu keine Afrikaner, wir schaffen das selbst." Er schien nicht überzeugt, beließ es aber dabei.

Gegen Mittag fuhren wir zu einer Art Pizzeria. Während wir Pizza aßen, fragte mich Ramin, ob ich gläubig sei. In einem Moment der Unachtsamkeit beantwortete ich die Frage ehrlich, was später noch Konsequenzen haben sollte.

„Nein", sagte ich also, „ich glaube an keinen Gott". Mit blankem Entsetzen schaute er mich an. Sprachlos. Ab dem Moment war unser Verhältnis ein anderes; es fand so gut wie keine Kommunikation mehr statt. Ines machte mir Vorwürfe. Wie ich denn sowas sagen könne … es war nicht besonders clever gewesen, das wurde mir nun auch klar. Leider zu spät.

Wir wanderten noch ein wenig durch Shiraz und wunderten uns, wie viele Drogenabhängige wir antrafen. Der Iran war weltweit einer der größten Umschlagplätze für harte Drogen wie Heroin und Opium. Es gab hier dermaßen viele Drogenabhängige, dass die iranische Regierung dieses immense Problem nicht mehr in den Griff bekam. Circa 40 Prozent der Straftaten hatten in irgendeiner Weise mit Drogenkriminalität zu tun. Die Zahl der HIV- und Hepatitis-Erkrankten erreichte jedes Jahr neue Rekordhöhen.

Die Regierung reagierte darauf sehr erwartbar. Die Zahl der zum Tode Verurteilten aufgrund von Drogendelikten erreichte ebenfalls ein Rekordniveau. Teilweise waren die Gefängnisse so überfüllt, dass man verurteilte Schmuggler aus Platzgründen wieder freiließ.

Jedenfalls gerieten wir in Shiraz in eine Gegend, wo sich Dutzende Heroinjunkies aufhielten, die uns fassungslos anglotzen, da sie im Leben nicht mit westlichen Touristen gerechnet hatten.

Wir beeilten uns, diesen Teil der Stadt schnell wieder zu verlassen, und fuhren dann in eine Bar mit einem grandiosen Ausblick über die Stadt, wo wir Shisha mit Erdbeergeschmack rauchten.

Am nächsten Tag fuhren wir sehr früh in das 60 Kilometer entfernte Persepolis, eine der Hauptstädte des antiken Perserreichs, die ihre Ursprünge im 5. Jahrhundert vor Christus hatte. In den folgenden Jahrhunderten war die Stadt immer wieder zerstört worden, unter anderem von Alexander dem Großen.

Dieser Tage gehören die Ruinenreste zum Weltkulturerbe der UNESCO, und wenn man nicht absoluter Archäologiefreak war wie unser Guide Ramin, der hier mit leuchtenden Augen durch die Trümmer der ehemals stolzen Stadt stolperte, gestaltete sich der Besuch dieser traurigen Überbleibsel unter der gleißenden Wüstensonne als schweißtreibende und furchtbar langweilige Angelegenheit.

Hier in Shiraz hatten wir neben unserem Guide Ramin übrigens noch einen Mietwagen samt Fahrer. Ali war circa 30 Jahre alt, verheiratet, hatte zwei Kinder und war ein wenig dicklich. Er sprach nicht besonders gut Englisch, aber er war unglaublich witzig und nett. Trotz seiner jungen Jahre verwandelte sich sein Haarschopf zunehmend in eine Glatze. Mit ihm und Ramin fuhren wir die circa 450 Kilometer durch das extrem trockene Wüstengebiet des Zagros-Gebirges bis nach Yazd, eine der ältesten Städte des Irans. Hier hatten wir das Glück, in einer sehr schönen Karawanserei zu übernachten. Als wir zum Abendessen aufbrechen wollten, teilte uns Ali mit, dass Ramin ab sofort nicht mehr mit uns weiterreisen werde, da er aus familiären Gründen zurück in seine Heimatstadt Isfahan müsse. Im Laufe der nächsten Tage erfuhren wir allerdings, dass Ramin es nicht ertragen konnte, mit Ungläubigen zu reisen, und deshalb um seine Ablösung gebeten hatte. Ich fand das insofern verwunderlich, als dass es ihm zumindest hätte klar sein können, dass wir keine Moslems waren. Ali sah das Ganze deutlich pragmatischer. Ihm war es schlicht egal, ob jemand Christ oder Atheist war.

Am nächsten Tag schauten wir uns die sagenhafte Altstadt von Yazd an, die ebenfalls zum UNESO-Weltkulturerbe zählt, und das völlig zu Recht. Weiterhin gilt die Millionenstadt als Zentrum der zoroastrischen Religion, die ihren Ursprung circa 1.500 Jahre vor Christus im iranischen Hochland fand. Bis circa 1.000 nach Christus hatte sie zu den Weltreligionen gehört, bis sie von anderen Religionen ... nun ja ... verdrängt wurde. Muslime erkennen den Zoroastrismus als Vorform des Islams an; auch das Judentum hat viele Elemente daraus übernommen.

Gottesbilder gibt es im Zoroastrismus nicht, aber heilige und ewige Feuer sind gängige Symbole. Etwas außerhalb der Stadt konnten wir eines davon besuchen. Angeblich brannte es seit 400 Jahren; es befand sich gut geschützt und unerreichbar hinter einer dicken Glasscheibe.

Auch in Yazd wurden wir Zeuge von außergewöhnlich vielen Unfällen mit Mopeds und Autos. Wurde dabei nur ein Blechschaden verursacht, kümmerte das die Iraner nicht weiter.

Am Nachmittag reisten wir weiter in Richtung Isfahan. Dazu mussten wir 320 Kilometer über die Autobahnrouten 69 und 71 in Richtung Nordwesten fahren. Wir fuhren ausschließlich durch Wüstengebiete.

Ali saß am Steuer und hörte eine selbstgebrannte CD mit Ricky Martin-Songs. Volle Lautstärke. Das ging mir dermaßen auf die Nerven, dass ich ihn irgendwann anstupste und sagte: „Wusstest du eigentlich, dass Ricky Martin schwul ist?"

Sofort ging die Musik aus.

„Wirklich?", fragte Ali.

„Yep", erwiderte ich. „Er hat sich vor ein paar Jahren geoutet."

Die Fensterscheibe wurde runtergekurbelt und die CD flog raus. Sie landete weit hinter uns im Wüstensand. *Endlich Ruhe,* dachte ich zufrieden. Meine Genugtuung hielt nicht lange an. Ali schaltete das Radio ein und statt Ricky Martin knallte jetzt iranische Volksmusik aus den winzigen Lautsprechern. Ich kam mir vor wie in einer alten KitKat-Werbung aus den 90er Jahren.

Irgendwann am Abend erreichten wir erschöpft und leicht genervt Isfahan. Wir stiegen in einem Hotel ab, das seine besten Zeiten wahrscheinlich in der Ära des letzten Schahs erlebt hatte. Hier war alles alt und ausgeleiert. Die Matratze war dermaßen durchgenudelt, dass man sofort mit dem Hinten auf den Lattenrost knallte, wenn man sich drauflegte. Ich gönnte mir zur Feier des Tages ein Granatapfelbier mit null Prozent Alkohol.

Am nächsten Tag erkundeten wir Isfahan. Was für eine unglaublich großartige und schöne Stadt mit einer fantastischen Atmosphäre!

Als Erstes besuchten wie die armenische Vank-Kathedrale, die von außen Ähnlichkeit mit einer Moschee besaß. Das Innere der Kathedrale war mit üppigen, buntbemalten Fliesen und Fresken getäfelt. Überall hingen große Schilder, die ans Verbot zu fotografieren erinnerten. Wir waren allein und ich konnte nicht widerstehen. Ich schoss drei Fotos, als wie aus dem Nichts ein armenischer Geistlicher in vollem Ornat auftauchte und mich dermaßen laut anschrie, dass ich fürchtete, er würde gleich noch handgreiflich werden.

Ich verstand kein Wort und ließ ihn brüllen. Als er nach einer gefühlten Ewigkeit fertig war und mein verständnisloses Gesicht sah, drehte er sich zu Ali um und schrie ihn an. Ines und mir reichte es und wir gingen raus an die frische Luft. Kurze Zeit später kam Ali nach und meinte ganz lapidar, dass der Mann wohl schlechte Laune habe.

Wir verbrachten drei tolle und aufregende Tage in Isfahan. Wir genossen den Sonnenuntergang auf dem fantastischen Imam-Platz, während wir Tee tranken und die unbeschreibliche Atmosphäre ob all der außergewöhnlich schönen Moscheen aufsaugten. Wir schlenderten durch die „Straße der vier Gärten" und bestaunten die vielen alten Brücken und Gartenanlagen der Stadt.

Wir beobachteten die zahllosen Menschen, die an uns vorbeiströmten, während wir unter der sagenhaften 33-Bogen-Brücke im Teehaus saßen. Isfahan war sicher eine der schönsten und aufregendsten Städte, die ich jemals besucht habe.

Dann ging es mit dem Auto über den Persian Gulf Highway zurück nach Teheran.

Nach circa 250 Kilometer durch die öde Wüste sahen wir plötzlich eine Vielzahl von Flugabwehrstellungen.

Ali erklärte uns, dass hier ganz in der Nähe die berühmt-berüchtigte Urananreicherungsanlage Natanz stehe, die immer wieder zu massiven Verstimmungen in Israel und den westlichen Ländern führte. Da die iranische Regierung Angriffe der USA und Israels auf die Anlage befürchtete, waren umfangreiche Verteidigungssysteme installiert worden.

Wenig später konnten wir tatsächlich die Anlage, nur wenige hundert Meter entfernt, von der Autobahn aus klar und deutlich erkennen.

Ali kam auf die wahnwitzige Idee, dort vorbeizufahren, damit wir uns das aus der Nähe anschauen konnten.

„Nein, bloß nicht", riefen Ines und ich unisono von der Rückbank. Ich bat Ali eindringlich, weder anzuhalten noch die Geschwindigkeit zu verringern. Die zahllosen Satelliten, die hier über uns kreisten, schossen wahrscheinlich schon mehr als genug Fotos von uns, und ich wollte bei der Ausreise oder zukünftigen Reisen nicht immer erklären müssen, was ich an den Toren der Urananreicherungsanlage in Natanz zu suchen gehabt hatte. Ali wirkte ein wenig enttäuscht. Er wollte das sicher selbst gerne sehen. Am frühen Abend erreichten wir nach knapp 500 Kilometer Teheran. Wir stiegen im selben Hotel ab wie zuvor und bekamen sogar dasselbe Zimmer zugeteilt.

Abends lud uns Ali noch in eines der einheimischen Restaurants ein und brachte seine wunderschöne Frau mit, die leider kein Englisch sprach.

Und dann war diese Reise auch leider schon wieder zu Ende.

Es war toll. Wenn man es schafft, die politische Ebene auszublenden, ist der Iran ein absolut lohnenswertes Reiseziel. Die Menschen sind unglaublich freundlich, witzig und im Regelfall extrem gut ausgebildet. Wir durften die legendäre Gastfreundschaft in vollen Zügen genießen. Wir wurden unzählige Male zum Tee eingeladen und die

Menschen wollten wissen, wie wir leben, was der Westen über den Iran denkt und ob es jemals friedliche und wirtschaftliche Beziehungen zwischen den westlichen Ländern und dem Iran geben kann. Man sah sich auf Augenhöhe mit Deutschland und den anderen europäischen Ländern. Die Menschen sehnten sich nach politischer und wirtschaftlicher Stabilität und Frieden – egal, was die Regierung auch sagen mochte.

Und irgendwann komme ich bestimmt nochmal wieder.

Meine Fotos

Liebe Leser,

vielen Dank, dass Sie mich auf meinen irren Reisen begleitet haben. Über den untenstehenden QR-Code gelangen Sie zu der kostenfreien PDF-Datei, in der ich die schönsten Fotos von meinen Reisen für Sie zusammengestellt habe.

Ihr Dirk Chervatin

Link zum Download:
https://www.ek2-publishing.de/de/home/fotobuch-pfi000912.html

Danksagung

Ich danke Ali, Marion, Roger, Tanja, Jill und Monika, Sofia und José, Ines, Andrea und Ulli, Martina, Nuran, Stefanie, Annie, Cimin und den vielen netten Menschen in Bhutan, Nordkorea, Tibet und dem Iran.

Ihre Zufriedenheit ist unser Ziel!

Liebe Leser, liebe Leserinnen,

hat Ihnen unser Buch gefallen? Haben Sie Anmerkungen für uns? Kritik? Bitte zögern Sie nicht, uns zu schreiben. Wir werden jede Nachricht persönlich lesen und beantworten.

Schreiben Sie uns: info@ek2-publishing.com

Wir würden uns zudem riesig freuen, wenn Sie uns dabei unterstützen, dieses Buch sichtbarer zu machen. Bitte nehmen Sie sich einen Moment Zeit und bewerten Sie dieses Buch auf Amazon. Viele positive Rezensionen führen dazu, dass das Buch erfolgreich wird und wir für Sie weitere spannende Bücher herausbringen können.

Sie können somit mit wenigen Minuten Zeitaufwand unserem kleinen Familienunternehmen einen großen Gefallen tun. Vielen Dank für Ihre Unterstützung!

PS: In seltenen Fällen kommt ein Buch beschädigt beim Kunden an. Bitte zögern Sie in diesem Fall nicht, uns zu kontaktieren. Selbstverständlich ersetzen wir Ihnen das Buch kostenlos.

Eine weitere Veröffentlichung von Dirk Chervatin

Eine Veröffentlichung der EK-2 Publishing GmbH

Friedensstraße 12
47228 Duisburg
Registergericht: Duisburg
Handelsregisternummer: HRB 30321
Geschäftsführerin: Monika Münstermann

E-Mail: info@ek2-publishing.com
Website: www.ek2-publishing.de

Titelbild: Tkpalad
Autor: Dirk Chervatin
Lektorat & Buchsatz: Jill Marc Münstermann

3. Auflage, Dezember 2022

ISBN Taschenbuch: 978-3-96403-202-7
ISBN Hardcover: 978-3-96403-203-4

Druckhinweis:

Libri Plureos GmbH

Friedensallee 273

22763 Hamburg